Carla Oblasser
Caroline Oblasser

Von Alpha bis Omega

Ein Übungsbuch mit
bildhaften Merkhilfen zum
altgriechischen Alphabet
für Eltern, Schüler und
Schlaumeier

edition
Riedenburg

Hört auf zu streiten!
Dieses Mega-Buch gehört:

INHALT

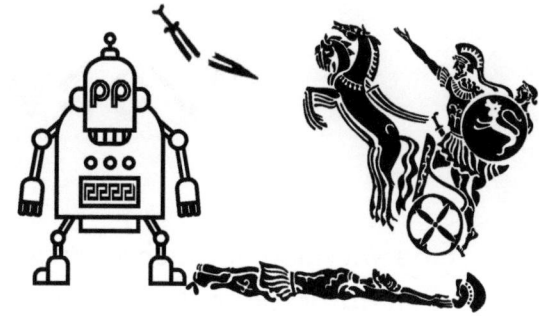

VORWORT

Eine wichtige Tatsache vorab: Dieses Buch sorgt in kürzester Zeit dafür, dass du als absoluter Schlaumeier durch die Decke gehst. Altgriechisch lesen zu können, ist zwar nicht alles, aber ein wichtiger Teil auf dem Weg zum Sokrates. Lass dir von ihm und seinen Freunden dabei helfen, das altgriechische Alphabet von Alpha bis Omega zu bezwingen.

So benutzt du dieses Buch:

Wenn du Altgriechisch noch gar nicht beherrschst, beginne am besten ganz von vorne bei Alpha. Solltest du bereits Vorkenntnisse haben und nur ein paar Buchstaben wiederholen wollen, kannst du natürlich auch direkt zur gewünschten Seite springen.

Damit du dir die Buchstaben möglichst gut einprägst, folge diesem Lernprinzip:

1. Sprich den passenden Merksatz laut aus, also zum Beispiel „Alpha spricht sich wie A in Astronomie".

2. Schau dir den Buchstaben genau an: Wie sieht der Großbuchstabe aus? Wie sieht der Kleinbuchstabe aus?

3. Fahre mit dem Finger die großen Übungsbuchstaben unten auf der Seite langsam nach, und zwar zuerst den Großbuchstaben und dann den Kleinbuchstaben. Die nummerierten Pfeile helfen dir bei der richtigen Strichreihenfolge. Wichtig dabei: Setze den Finger und später den Stift nur dann ab, wenn es außer dem ersten noch weitere nummerierte Pfeile gibt. Ansonsten solltest du den Buchstaben in einem Zug durchschreiben.

4. Sieh dir die Illustrationen oberhalb der großen Übungsbuchstaben gut an. Hier verstecken sich verschiedene Eselsbrücken, die dir dabei helfen, den Buchstaben dauerhaft im Kopf zu behalten. Schau genau hin: Die Groß- und Kleinbuchstaben sind teils recht gut in den Bildern versteckt. Du wirst überrascht sein, was du alles entdeckst.

5. Übung macht den Meister: Auf der rechten Seite hast du Platz, die in der Computerschrift vorgedruckten Groß- und Kleinbuchstaben selber aufzuschreiben. Drei Schriftmuster verschiedener Schrifttypen mit Serifen zeigen dir auf der untersten Zeile, wie die Buchstaben auch aussehen könnten. Blättere anschließend um. Nun findest du drei weitere Übungsseiten, auf denen du deine Handschrift perfektionieren kannst. Mustergültige handgeschriebene Buchstaben machen dir eine mögliche Schreibweise vor.

6. Zur Belohnung gibt es am Schluss jedes Kapitels einen ganz speziellen Arbeitsauftrag. Hier sind die gerade geübten Buchstaben und/oder ihre Merkhilfen meistens gut versteckt. So kannst du dein Wissen nochmals auf amüsante Weise festigen.

Investiere jeden Tag nur 10 Minuten und pflüge dich in rund einem Monat durch das gesamte altgriechische Alphabet. Wenn du dir im Anschluss an die einzelnen Buchstaben auch noch die Spezialitätenseiten wie Zwielaute, Spiritus asper, Spiritus lenis und Akzente vornimmst, ist schon bald kein griechischer Text mehr vor dir sicher! Typische Fallen haben wir nämlich für dich enttarnt. Eine Übungsliste mit deutschen Begriffen in griechischen Lettern findest du als krönenden Abschluss, bevor du mit der Schummelliste das gesamte Alphabet wiederholst.

Los geht's auf Zeitreise zu den steinalten Griechen! Viel Spaß dabei wünschen dir

  die Autorinnen

Alpha spricht sich wie **A** in **A**stronomie.

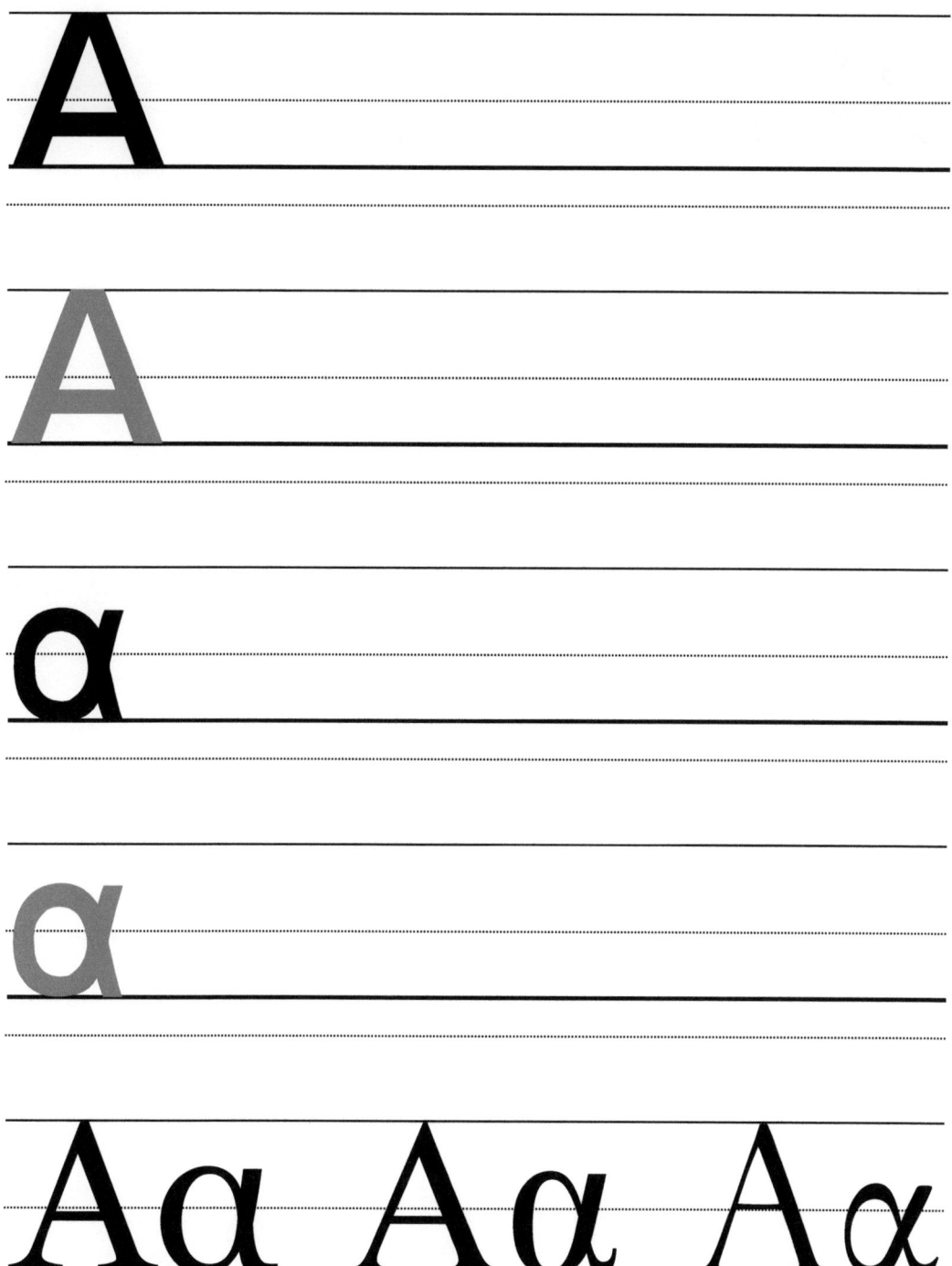

Hier findest du Muster der optisch unterschiedlichen Schrifttypen Georgia, Times New Roman und Garamond. Die Ausrichtung orientiert sich jeweils am Großbuchstaben. Die Kleinbuchstaben können manchmal höher als die Großbuchstaben sein.

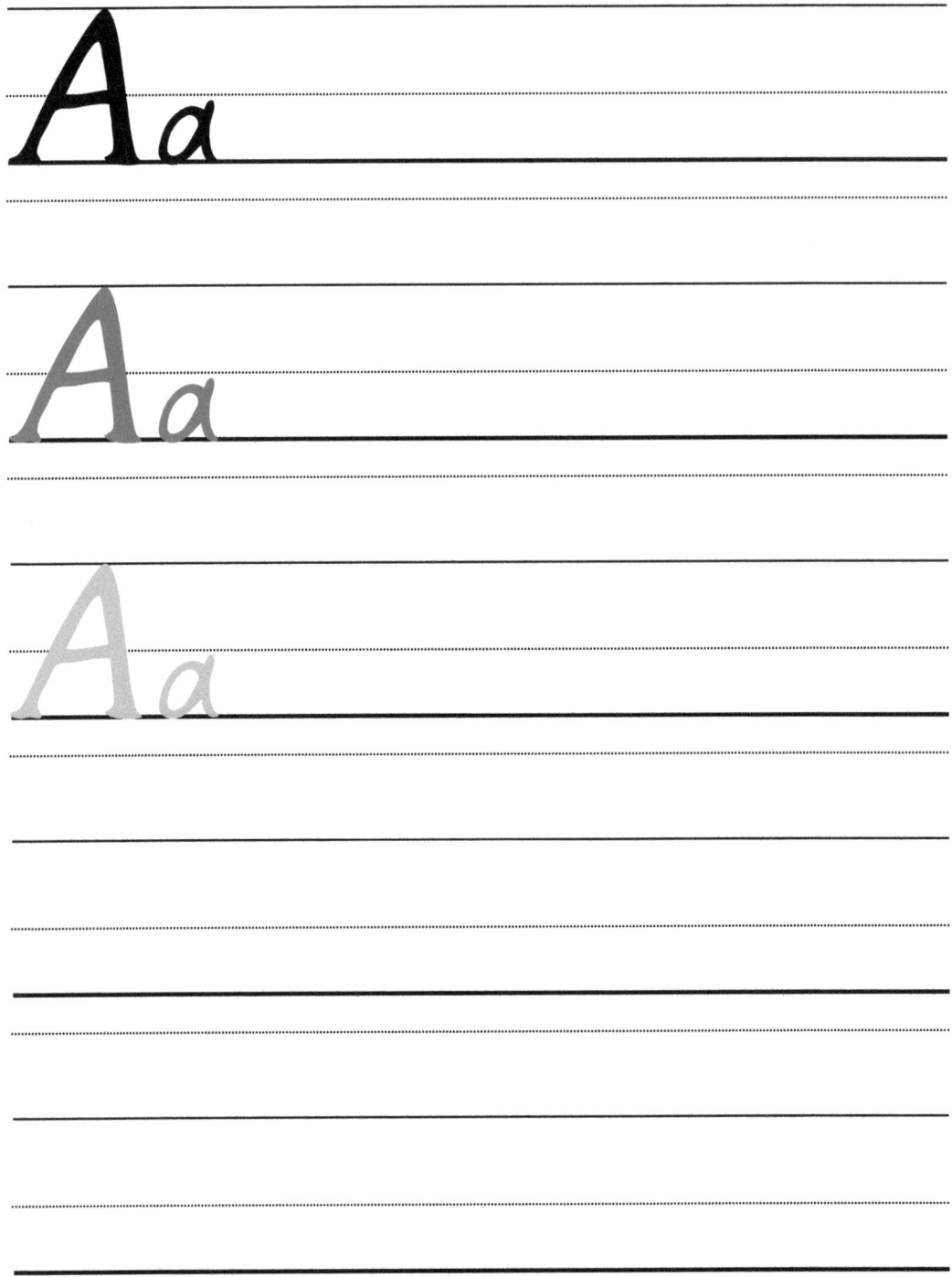

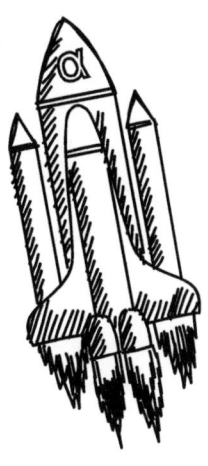

Beta spricht sich wie
B in **B**esen, mit dem Apollo
auf die Jagd geht.

B

B

β

β

Bβ Bβ Bβ

Bβ

Bβ

Bβ

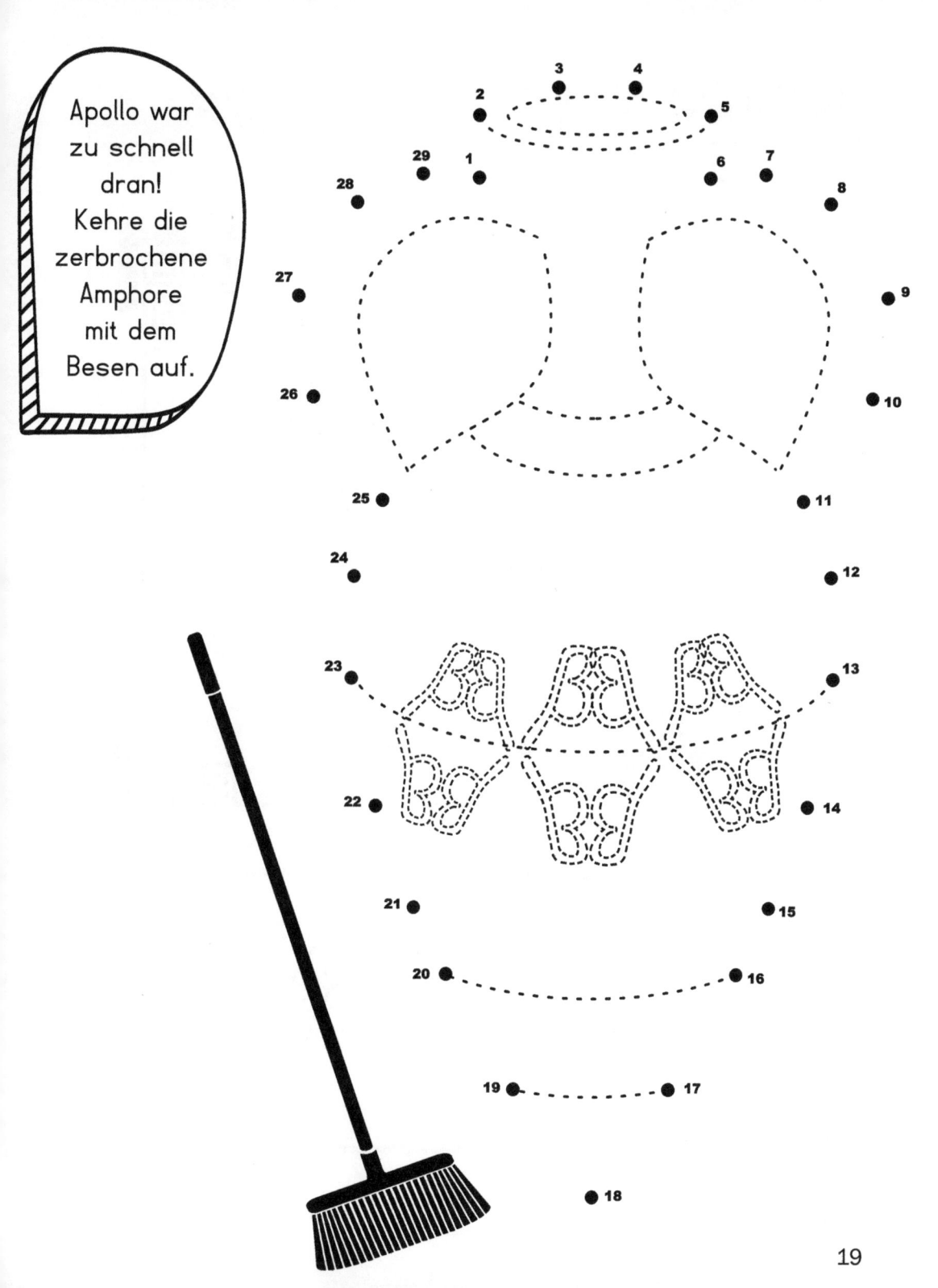

Apollo war zu schnell dran! Kehre die zerbrochene Amphore mit dem Besen auf.

19

Gamma spricht sich wie **G** in **G**azelle.

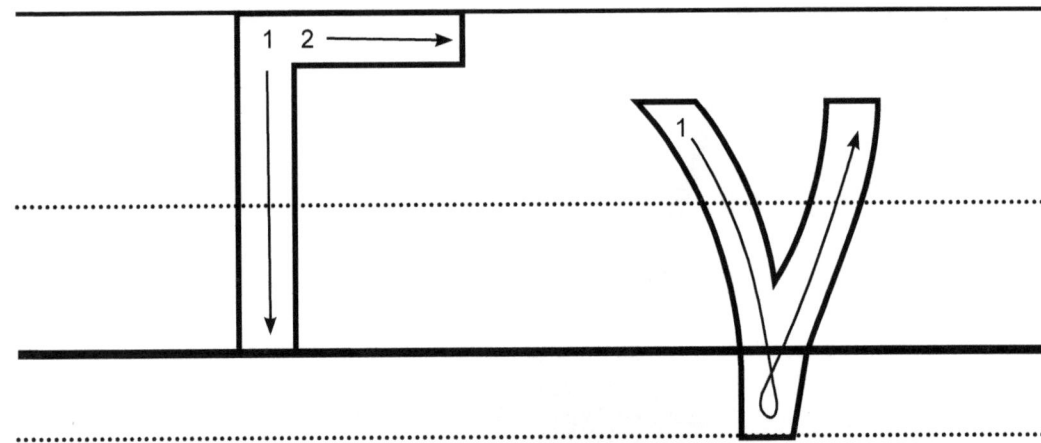

Γ

Γ

γ

γ

Γγ Γγ Γγ

Ein volles Jahr ist Herakles auf der Jagd
nach der Gazelle mit dem goldenen Geweih.
Investiere du wenigstens fünf Minuten
und verleihe ihr heroische Farbe!

Delta spricht sich wie
D in **D**reieck.

Δ

Δ

δ

δ

Δδ Δδ Δδ

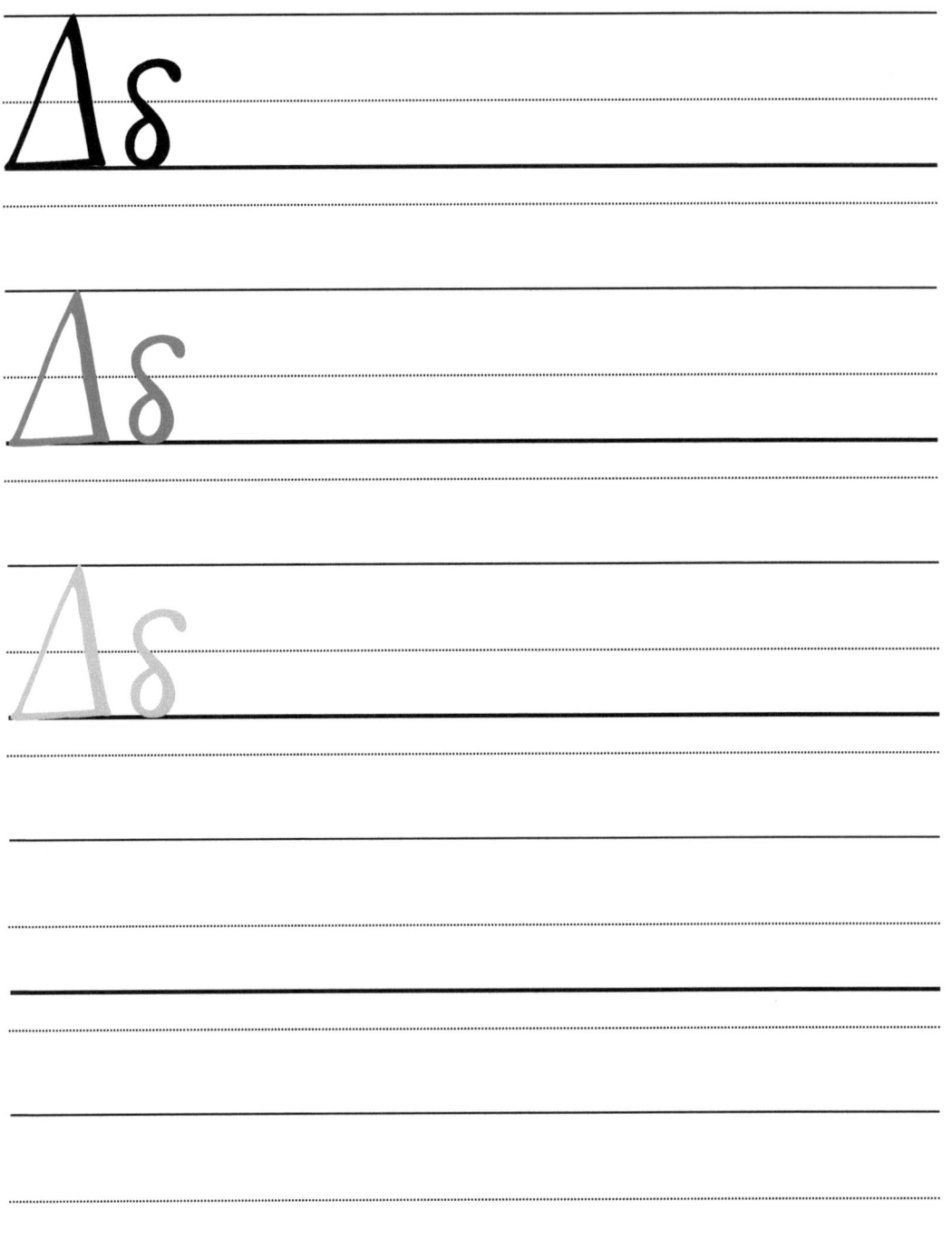

Löse das dreieckige Sudoku-Rätsel!
In jedem großen Dreieck, jeder horizontalen
und jeder diagonalen Reihe sollen
verschiedene Zahlen von 1 bis 9 stehen.

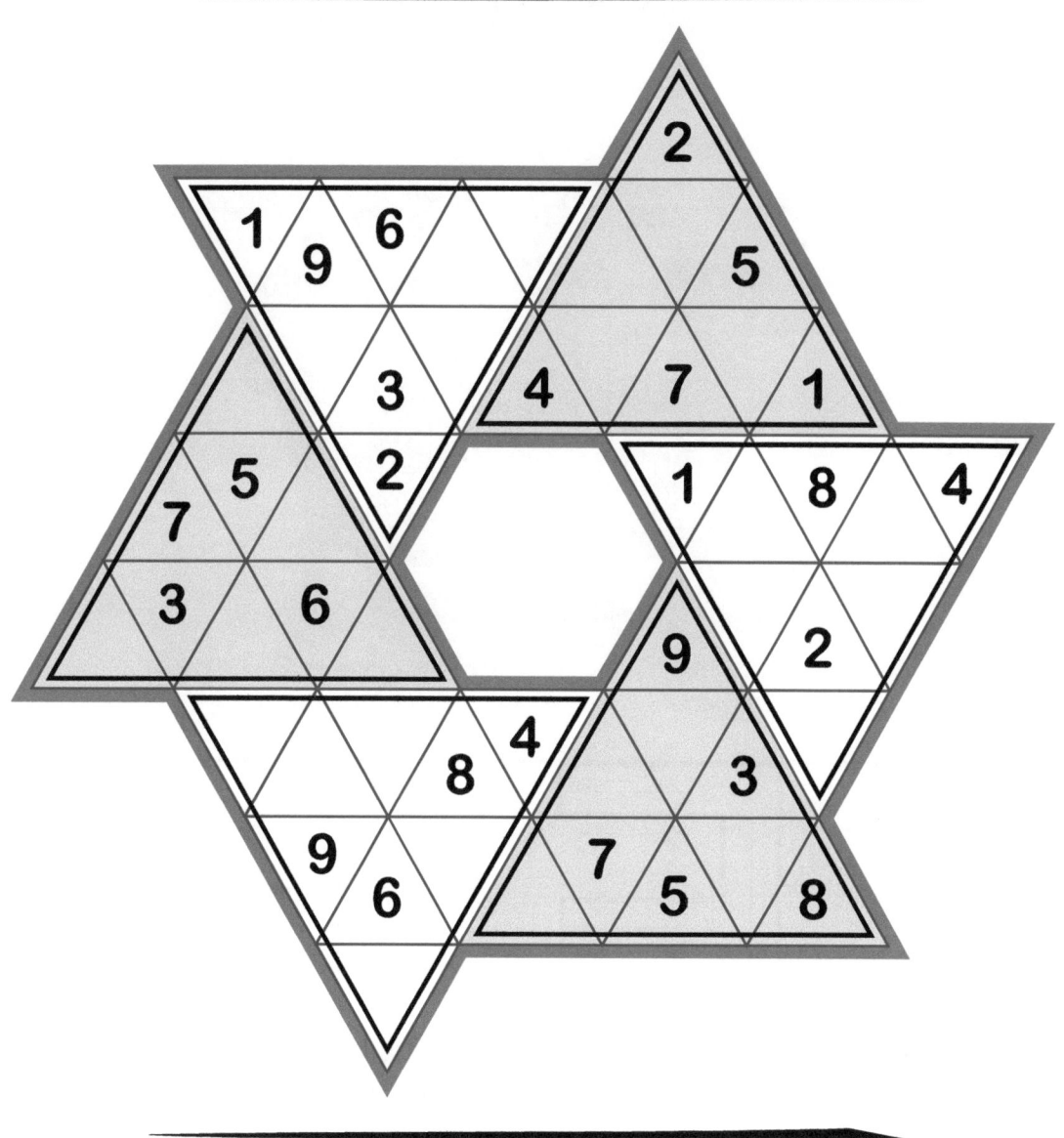

Epsilon spricht sich wie E in Ente.

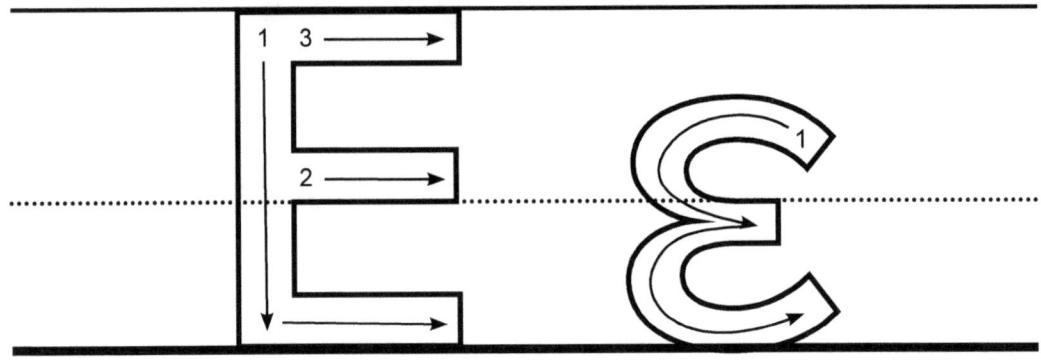

E

E

ε

ε

Eε Eε Eε

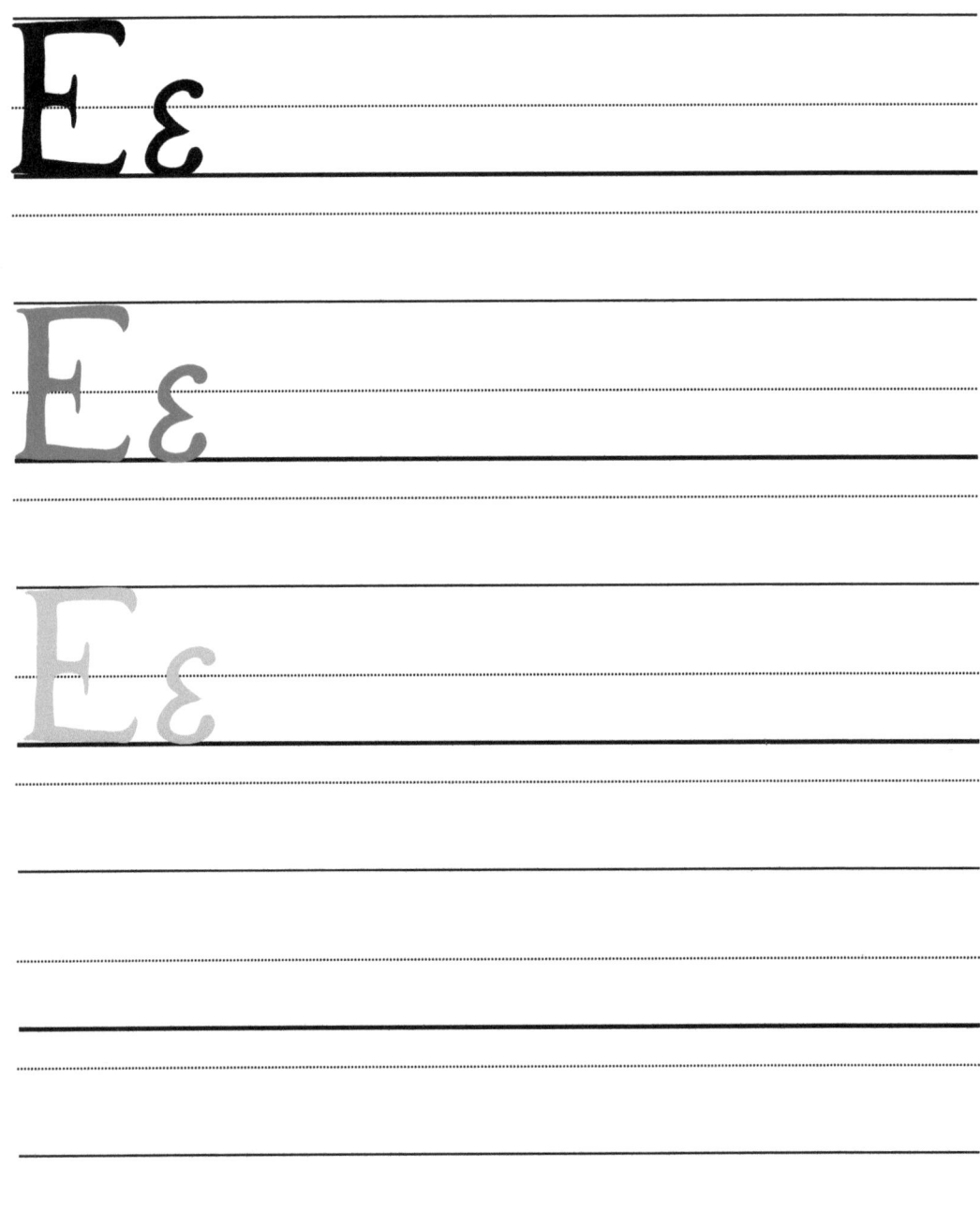

Εε

Εε

Εε

Male dieser einsamen Gummiente
ein paar Freunde!

Zeta spricht sich wie Z in Zebra.

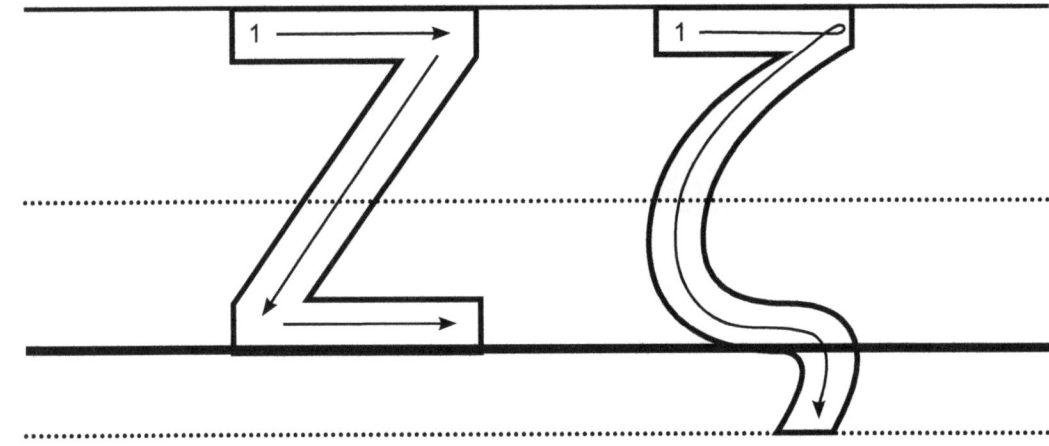

Z

Z

ζ

ζ

Zζ Zζ Zζ

Ζ ζ

Ζ ζ

Ζ ζ

43

Eta spricht sich wie E in Efeu.

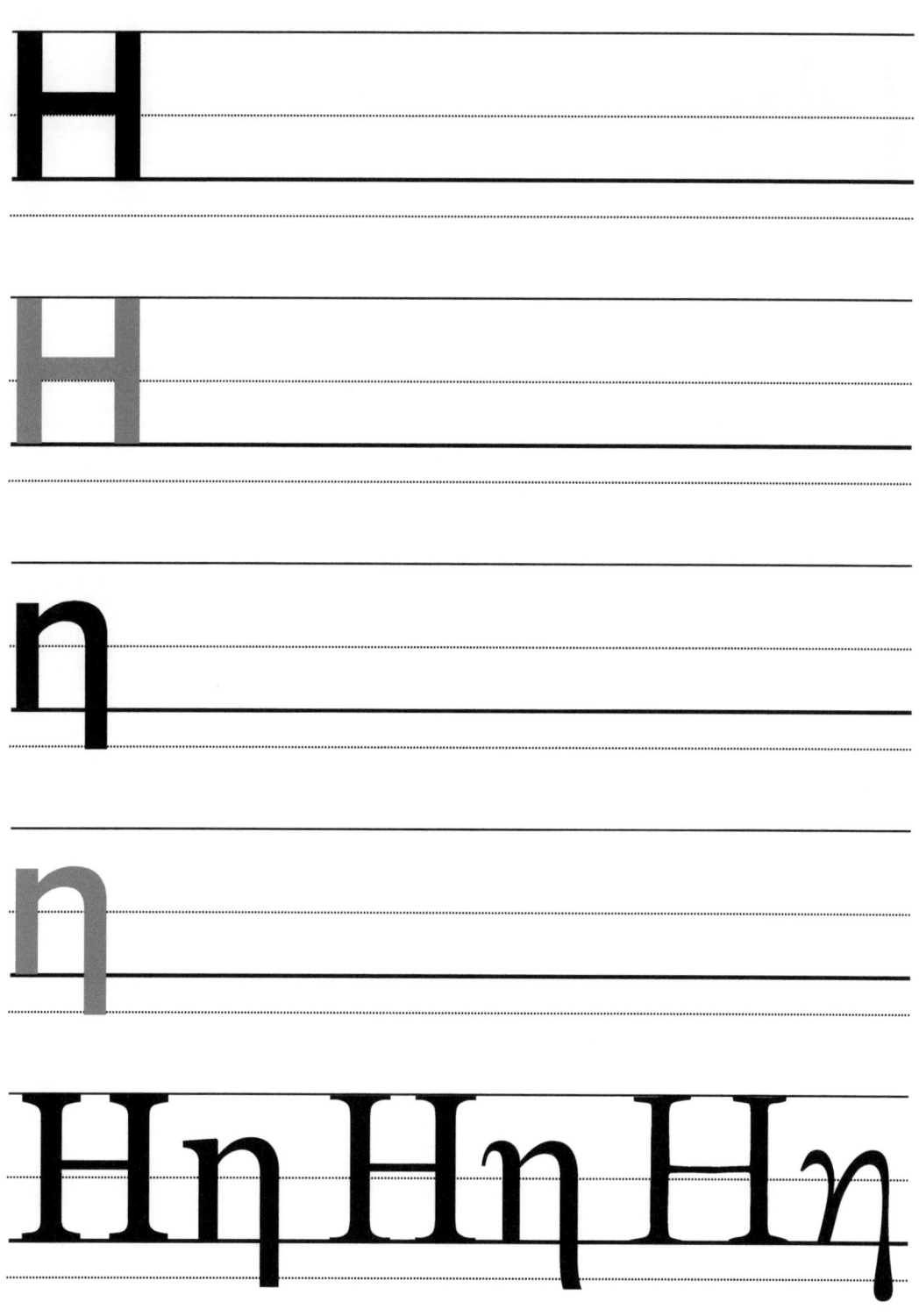

45

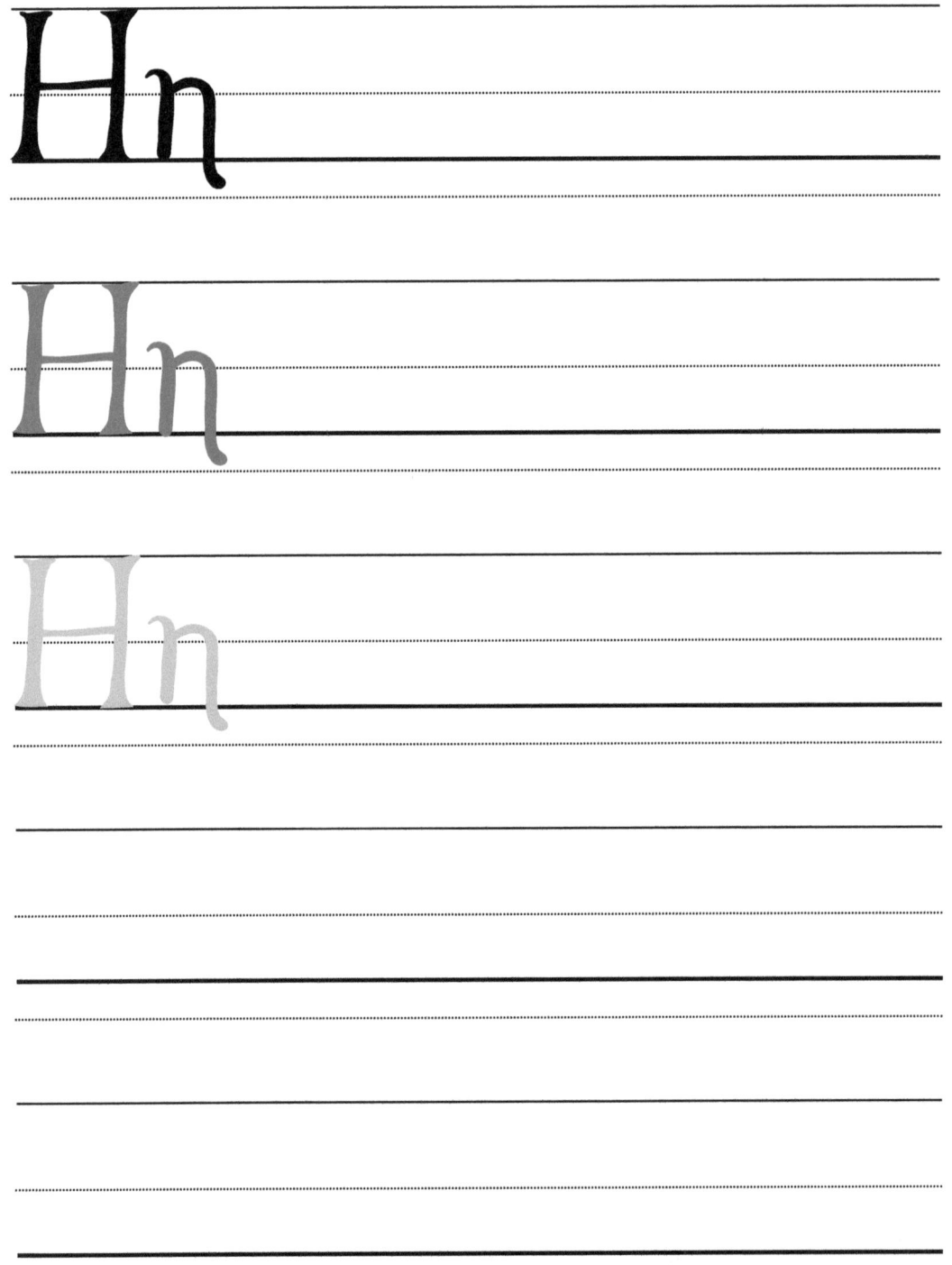

46

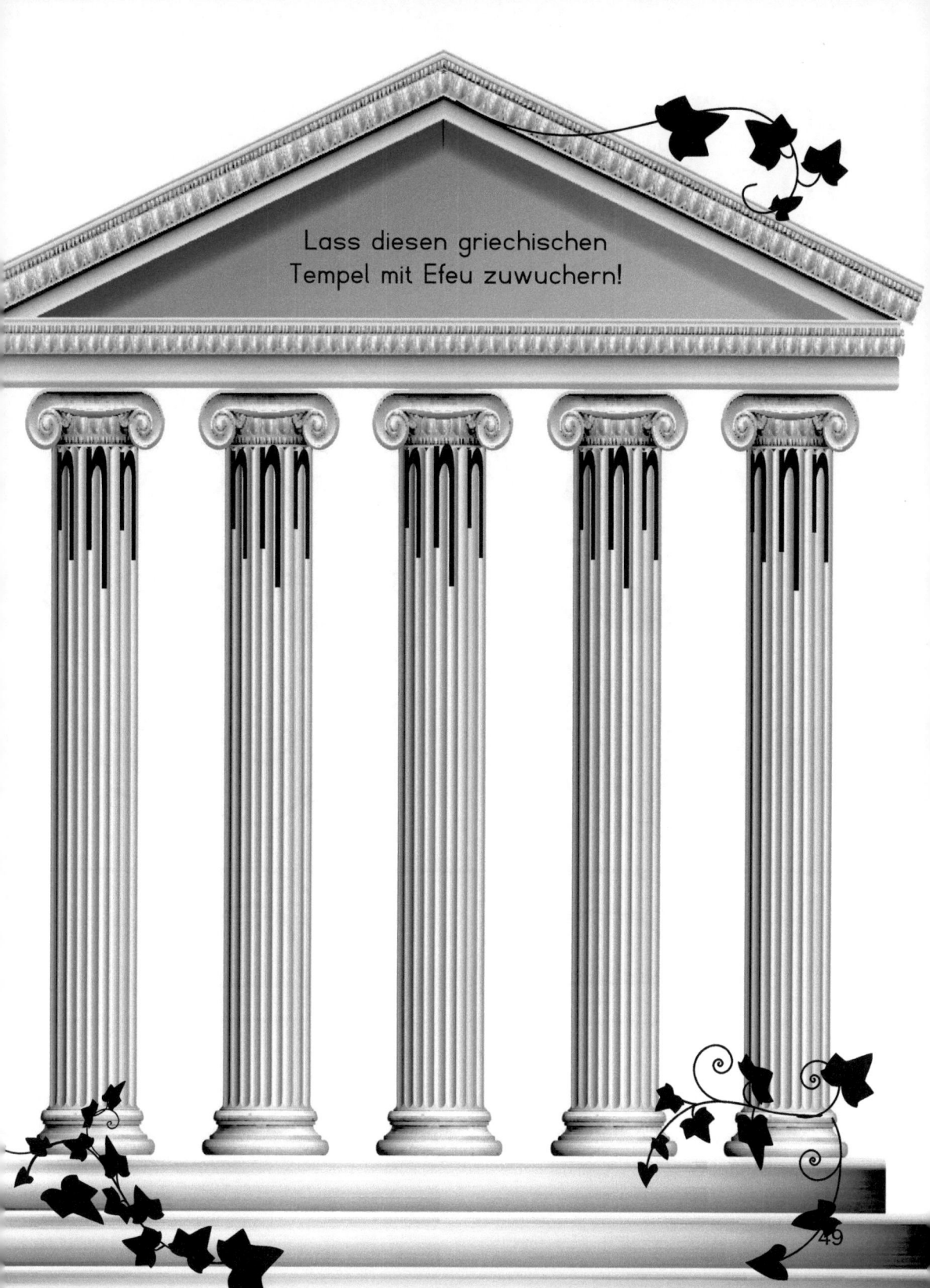

Lass diesen griechischen
Tempel mit Efeu zuwuchern!

Theta spricht sich wie Th in Theater.

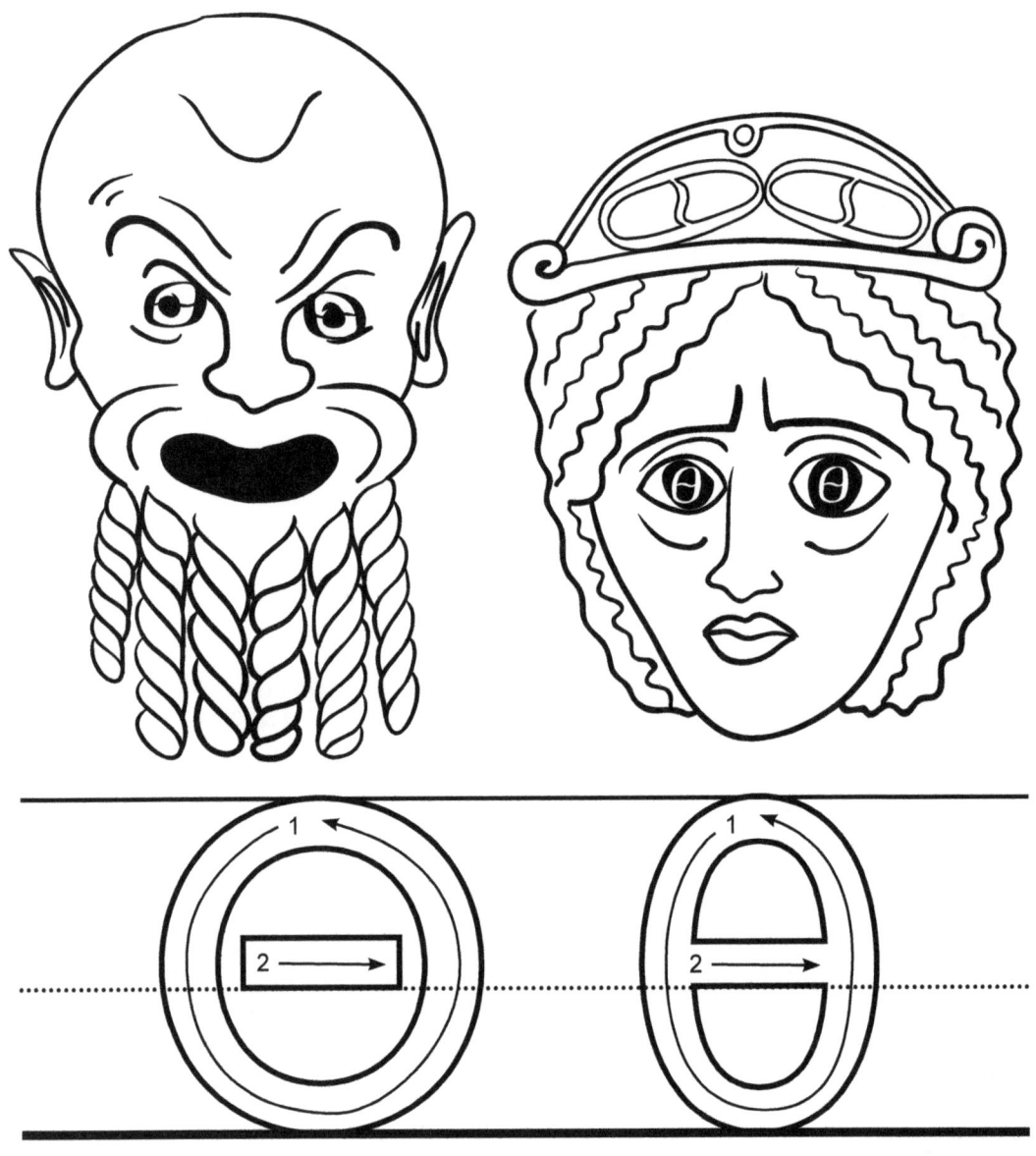

51

Mit welcher
Maske würdest
du gerne
Theater spielen
im alten
Griechenland?
Schenke ihr
Farbe.

Iota spricht sich wie I in Igel.

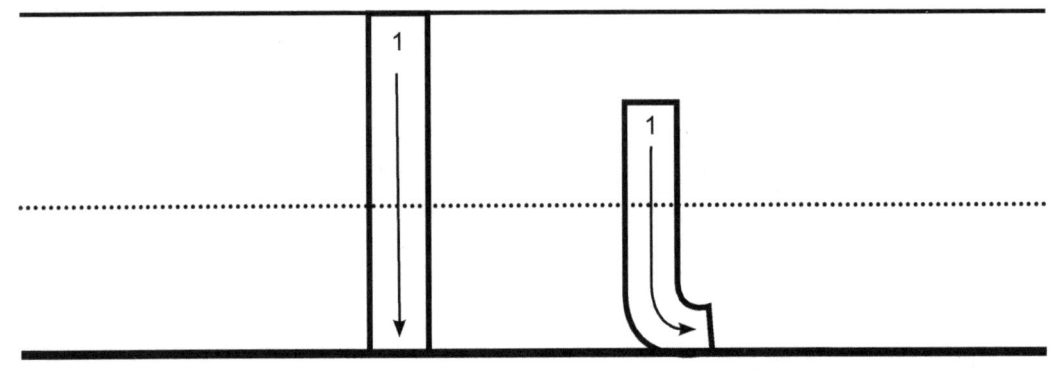

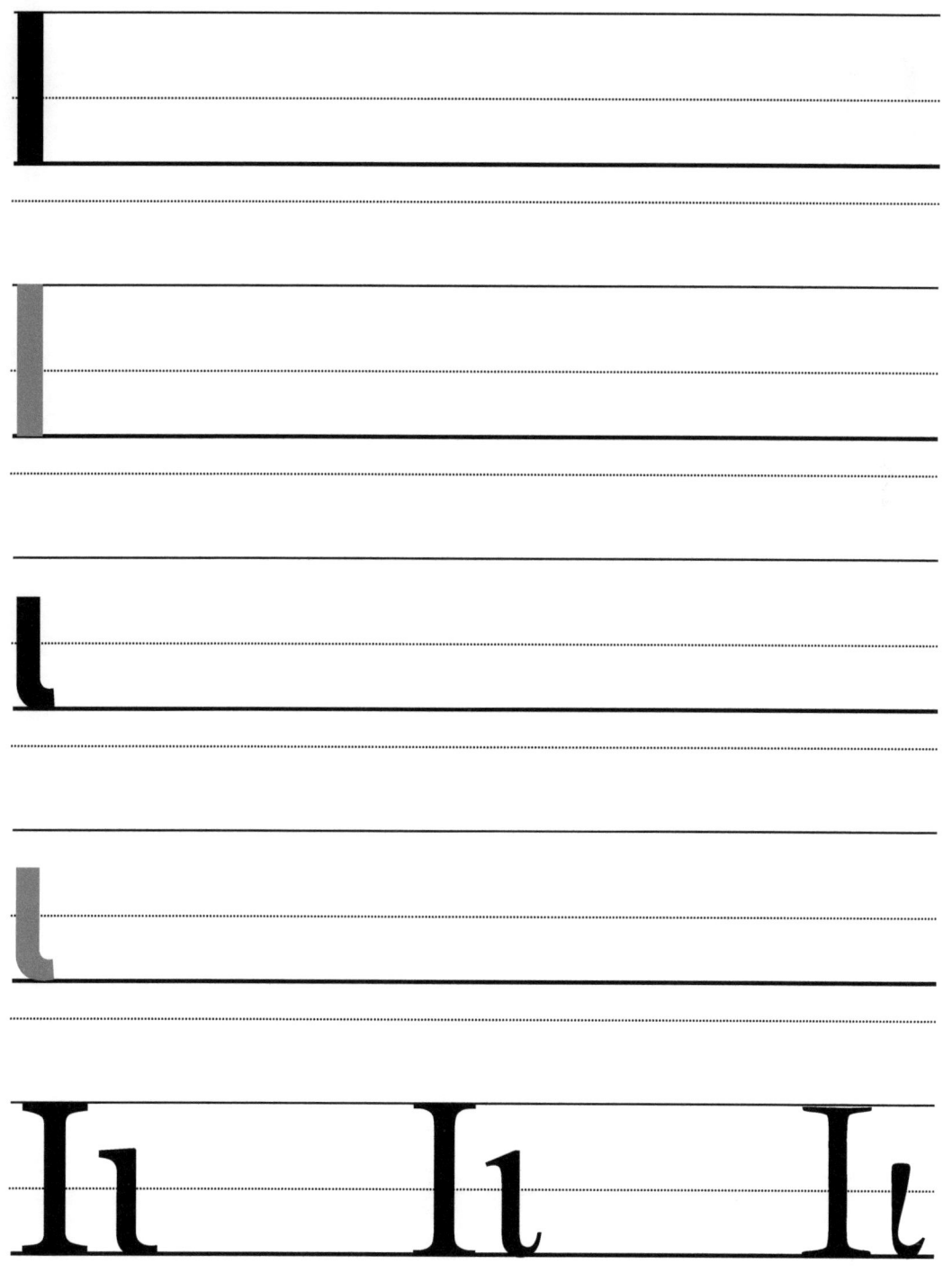

Ii

Ii

Ii

Male diesen Haustieren der alten Griechen igelige Iota-Stacheln.

Kappa spricht sich wie K in Kappe.

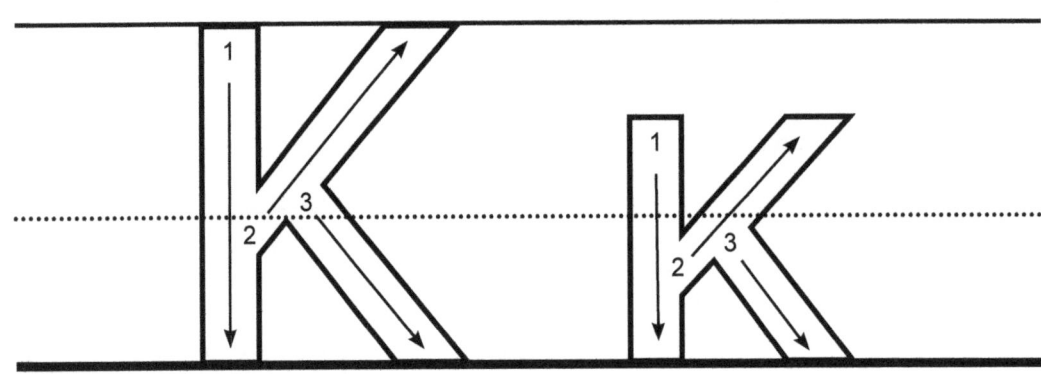

K

K

K

K

Кк Кк Кк Ки

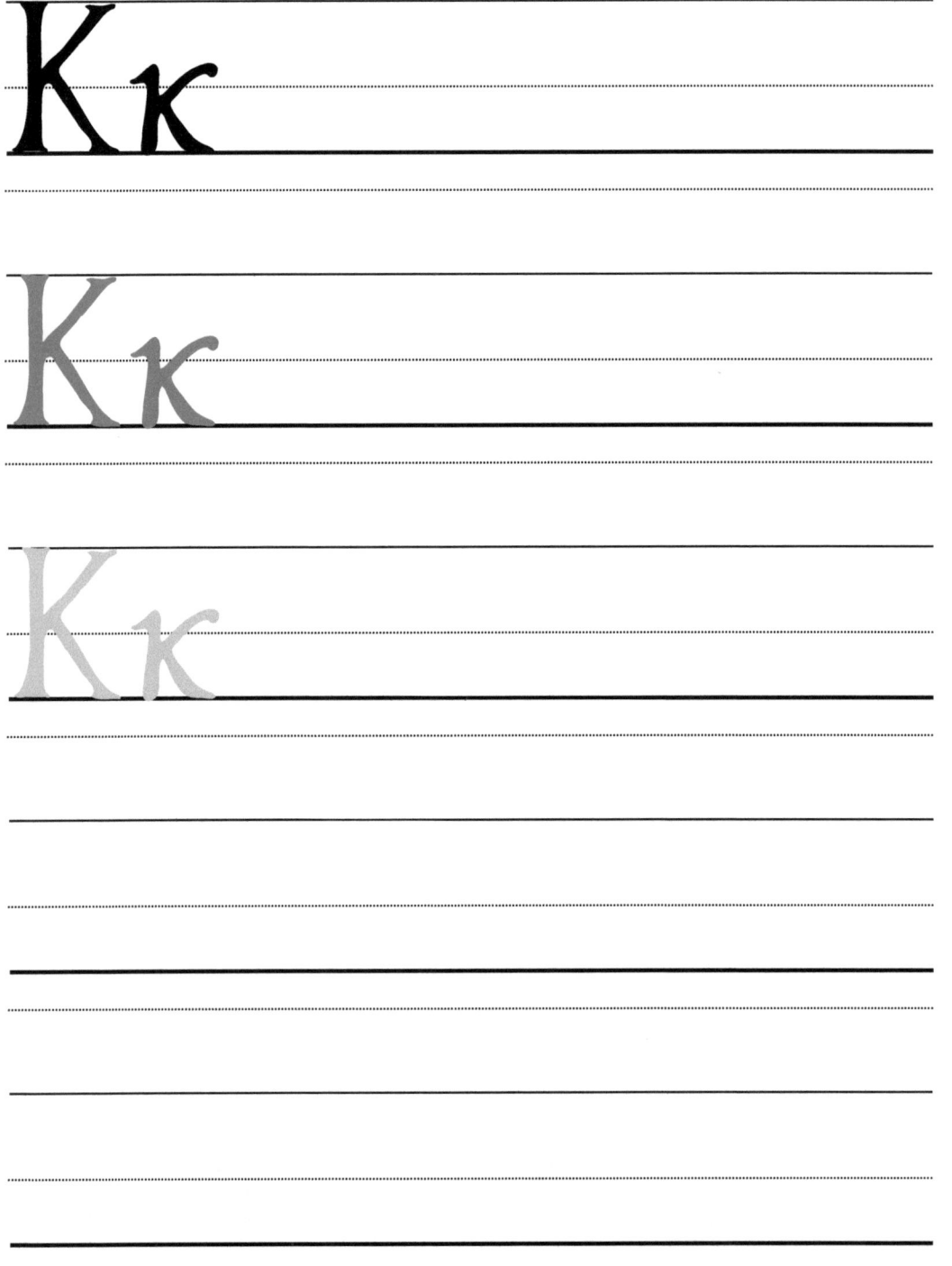

Überlege dir
verschiedene
K-Designs und
gestalte diese
Kappen.

Lambda spricht sich wie L in **L**ampe.

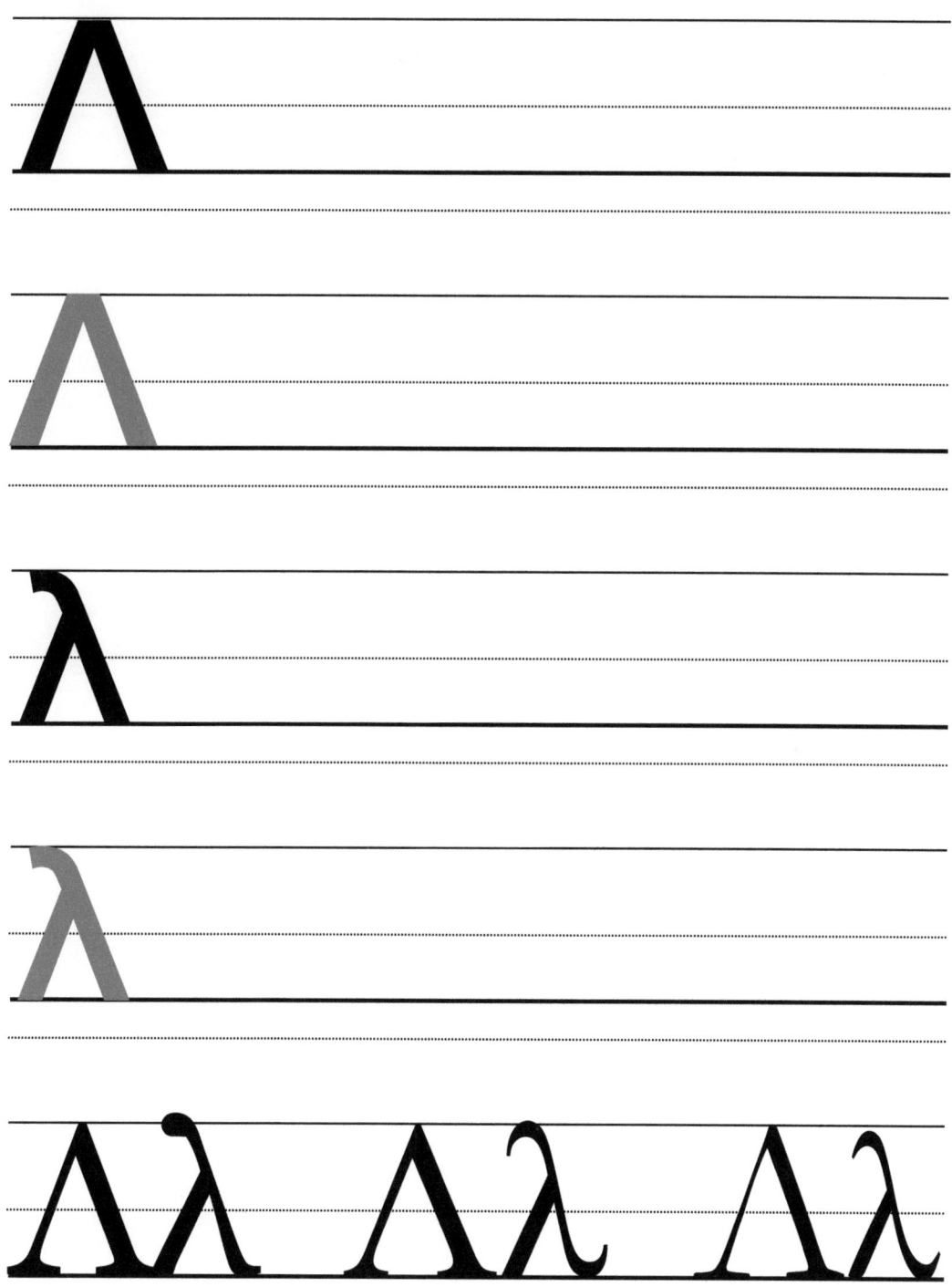

Verbinde die Zahlen von 1 bis 269 und finde heraus, wer der Besitzer der versteckten Wunderlampe ist.

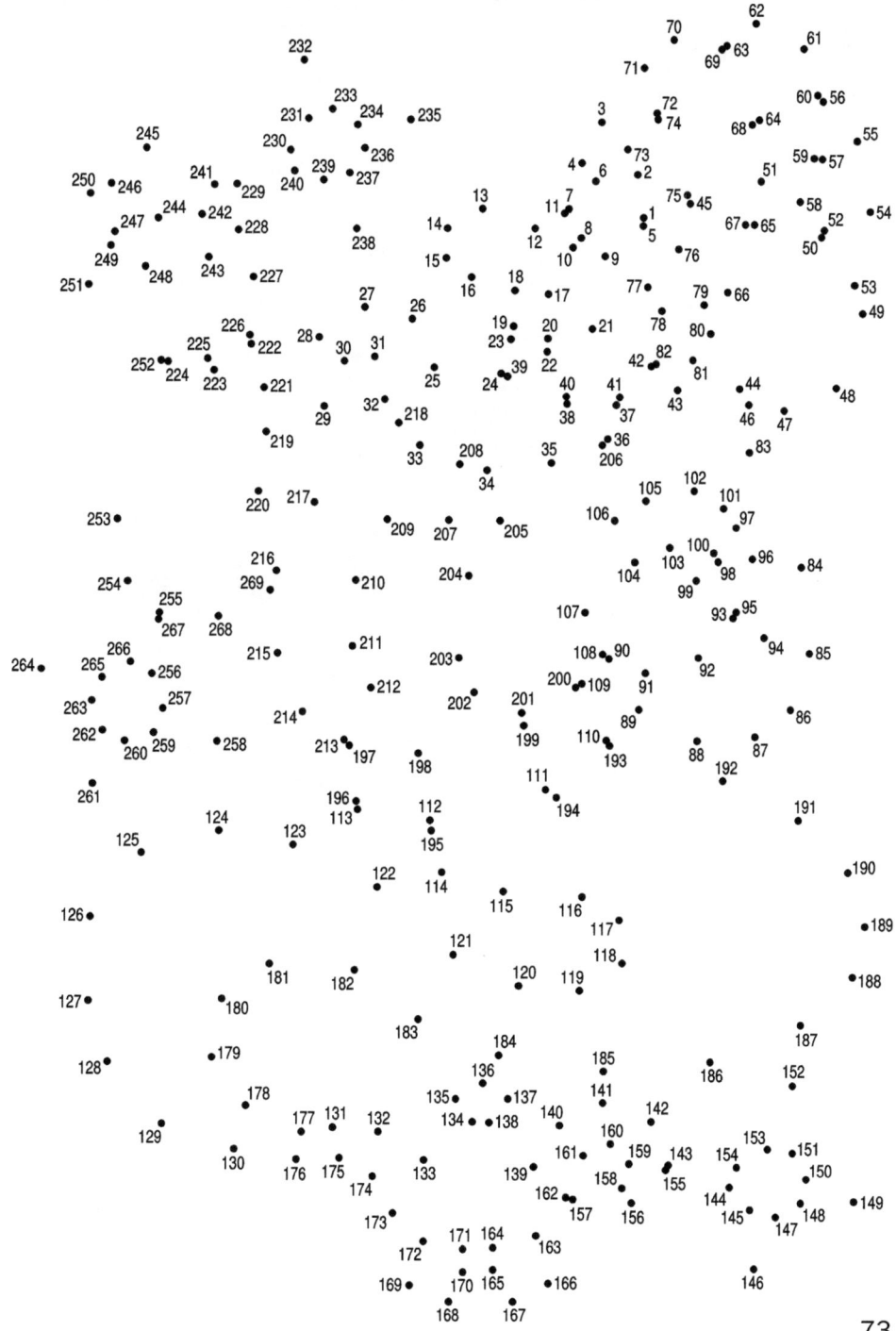

My spricht sich wie
M in **M**armelade.

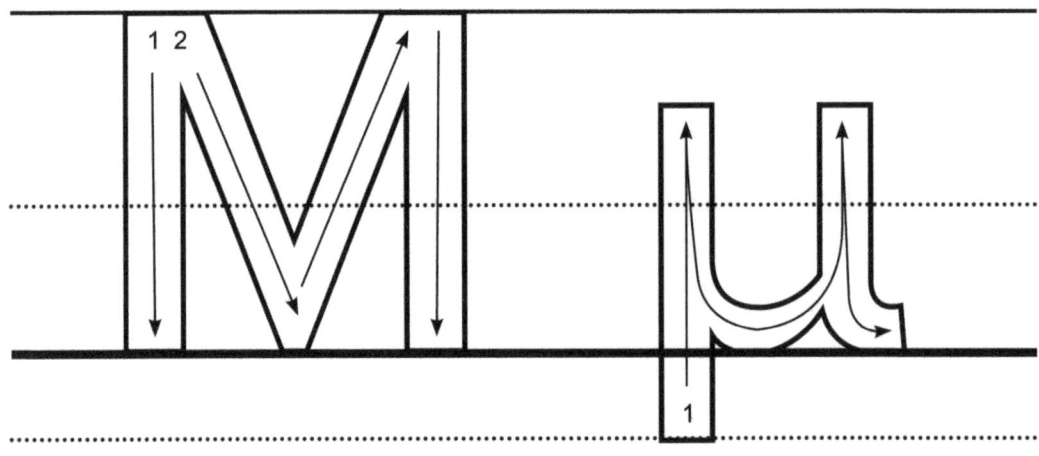

M

M

μ

μ

MμMμMμMμ

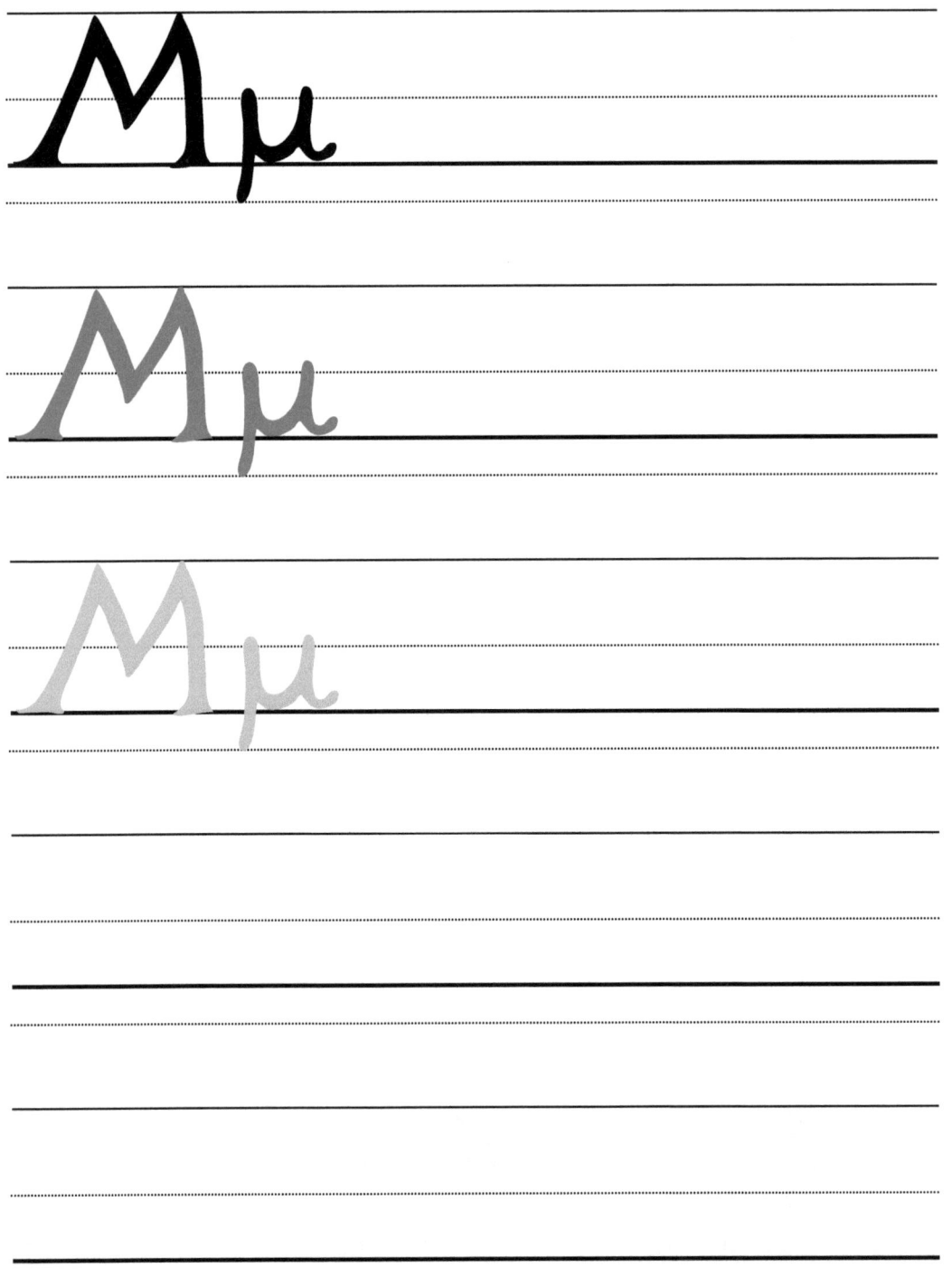

76

Lust auf selbstgemachte Marmelade?
Hier kommt das passende Rezept.

Zutaten:

2 kg Erdbeeren, 1 kg Gelierzucker, etwas Zitronensaft

Wasche die Erdbeeren und putze sie. Schneide sie klein.
Nimm eine Handvoll Stücke und gib sie in ein Schälchen.
Püriere den Rest der Erdbeeren. Gib dann die pürierte
Masse zusammen mit den Erdbeerstücken, dem Gelierzucker
und dem Zitronensaft in einen großen Kochtopf. Vermische
alles gut mit einem sauberen Kochlöffel und lasse die
Erdbeermasse ungefähr 5 Minuten unter ständigem Rühren
bei mittlerer Hitze köcheln. Achte bei der Kochzeit darauf,
was auf der Gelierzuckerpackung steht! Nimm die von
dir gewählten Marmeladengläser, schraube die Deckel
ab und wasche alles gründlich innen und außen. Erhitze
die Gläser und die abgeschraubten Deckel bei 150°C für
ca. 10 Minuten im Backofen. **✲✲✲ Ziehe dir jetzt für die
weiteren Schritte unbedingt Backhandschuhe an! ✲✲✲** Nimm
die heißen Gläser vorsichtig aus dem Ofen und stelle sie
neben den Kochtopf auf eine ebene, hitzefeste Unterlage.
Fülle dann die Erdbeermarmelade mit einem sauberen
Schöpflöffel in die noch heißen Marmeladengläser. Schraube
sie danach – Backhandschuhe anlassen! – sofort fest
zu und drehe sie um. Lasse sie umgedreht für maximal 5
Minuten stehen. Stelle sie dann wieder richtig herum hin
und lasse sie vollständig abkühlen. Vergiss das Umdrehen
nicht, sonst klebt die Marmelade am Deckel fest. Mjaµ!

Ny spricht sich wie
N in **N**emo.

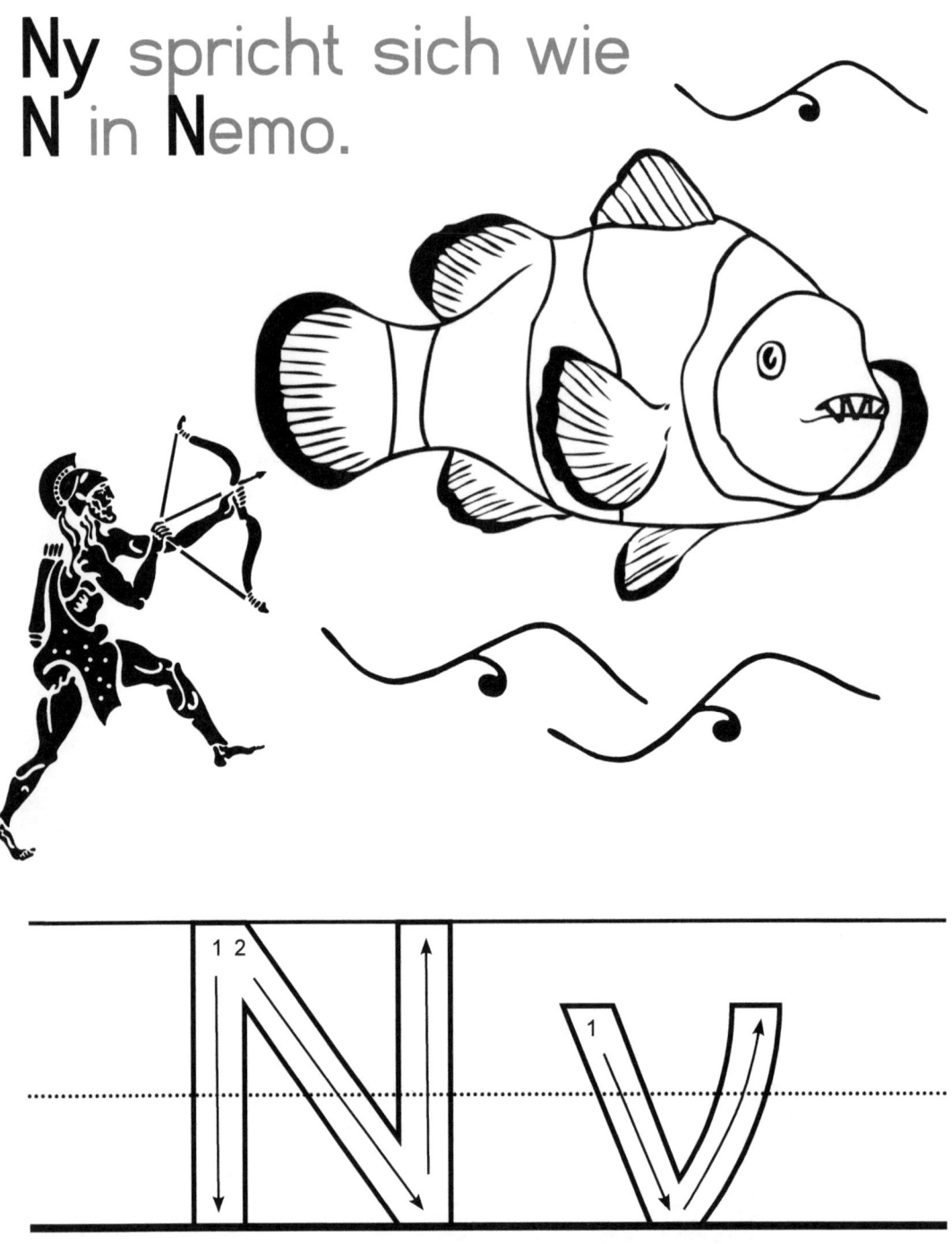

82

85

Xi spricht sich wie
X in **X**ylophon.

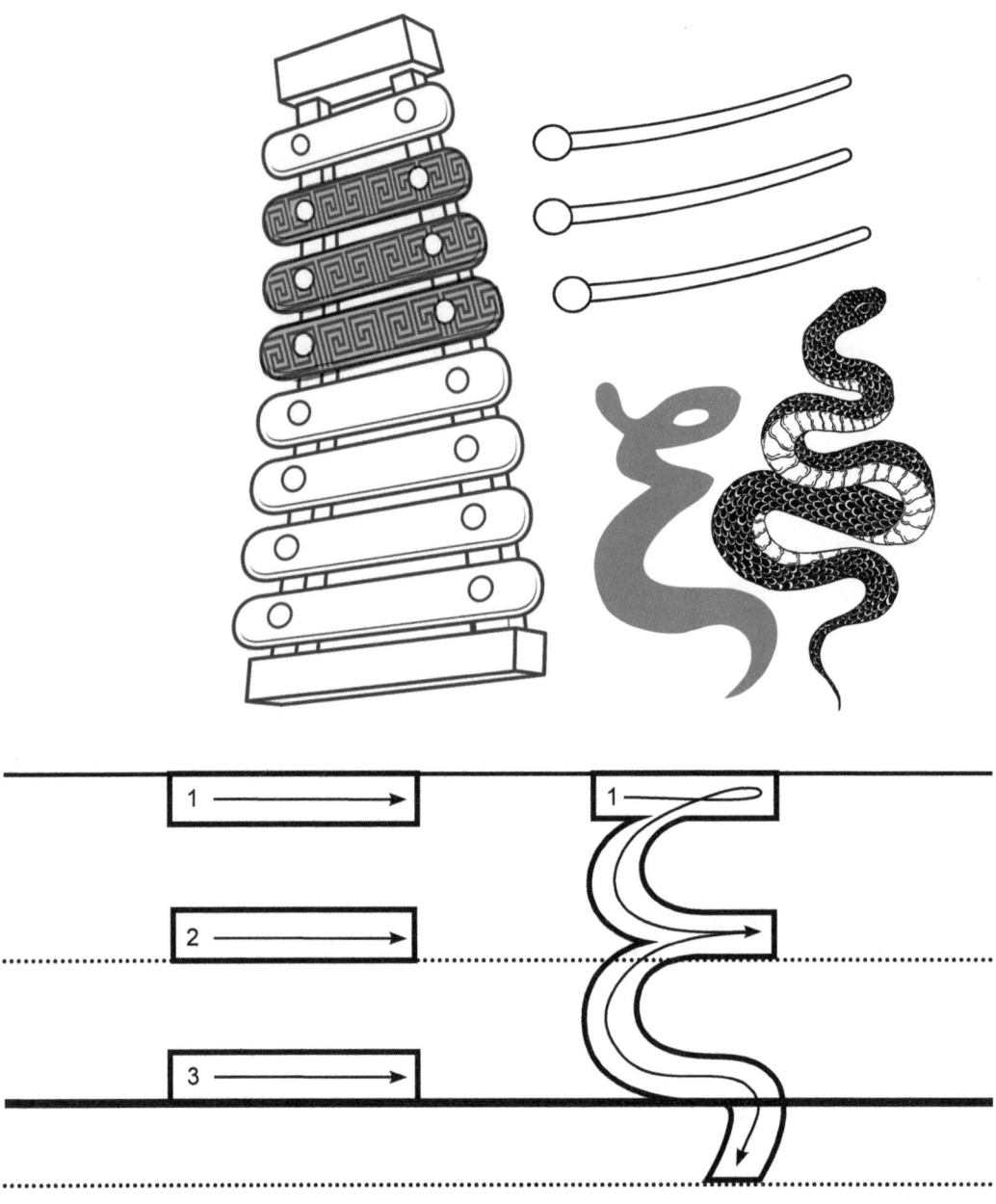

Ξ ξ Ξ ξ Ξ ξ

87

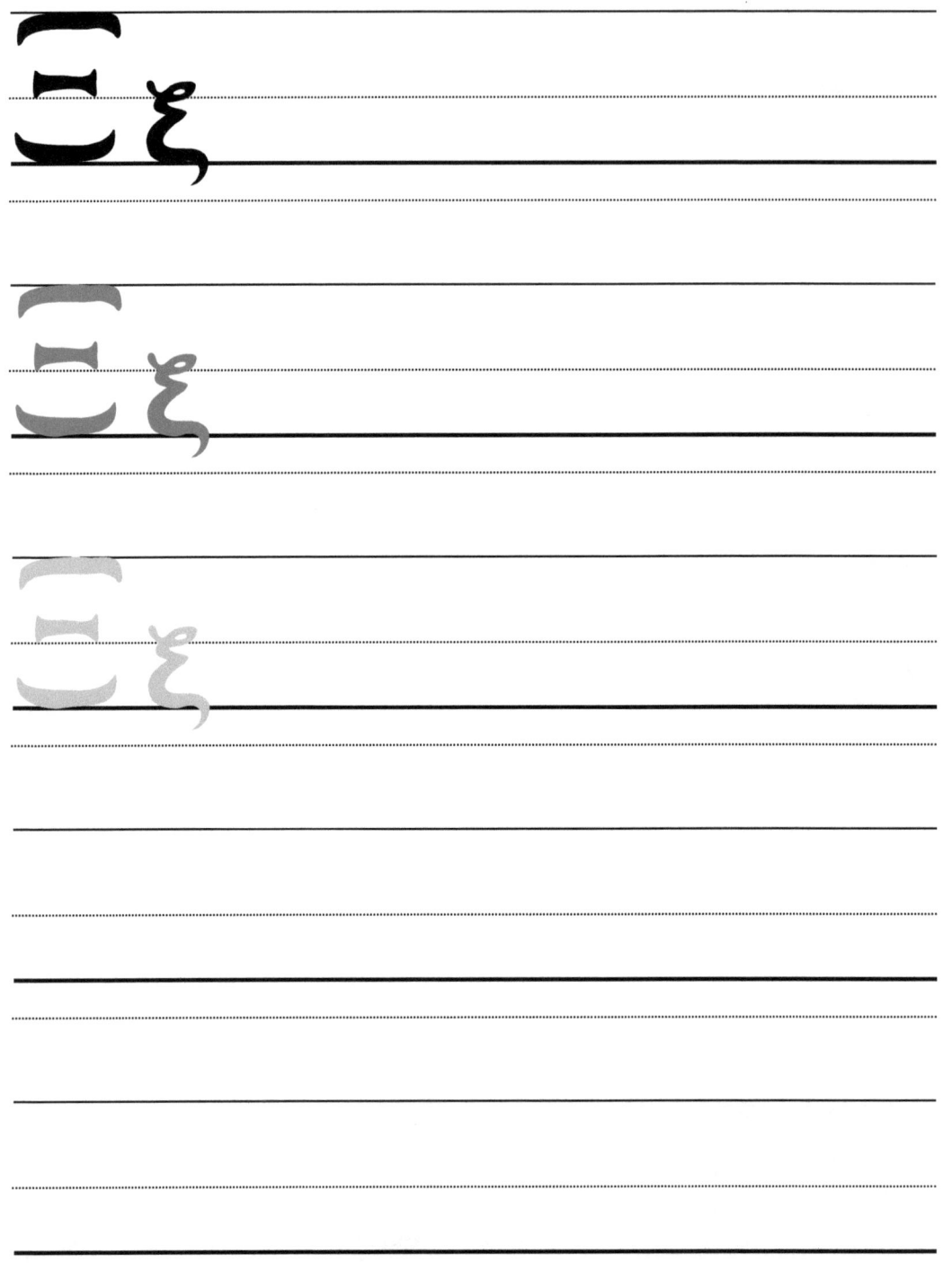

Beschwöre die Schlange mit schöner Musik und
zeichne ein, in welchen Korb du sie gelockt hast.

Omikron spricht sich wie
O in Lotto.

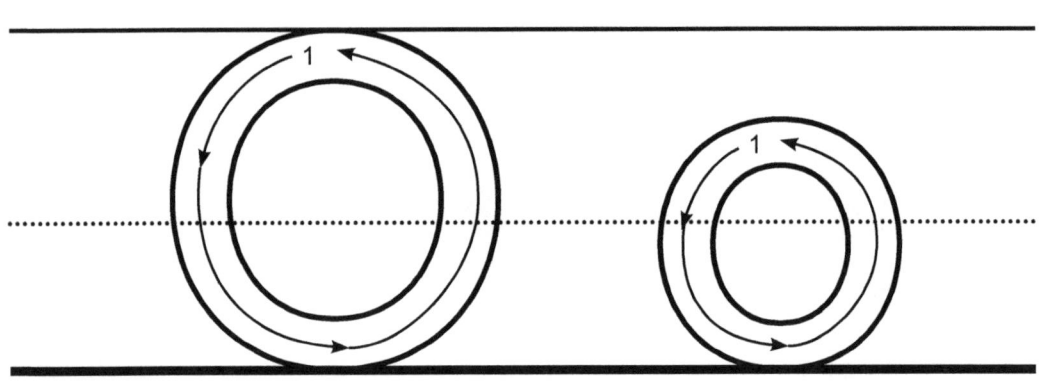

O

O

O

O

Oo Oo Oo

Hilf der Lottofee und zeichne die fehlenden 21 Kugeln ein.
Ziehe dann 6 aus 30. Viel Glück!

Gewinnzahlen:

97

Pi spricht sich wie
P in Pisa.

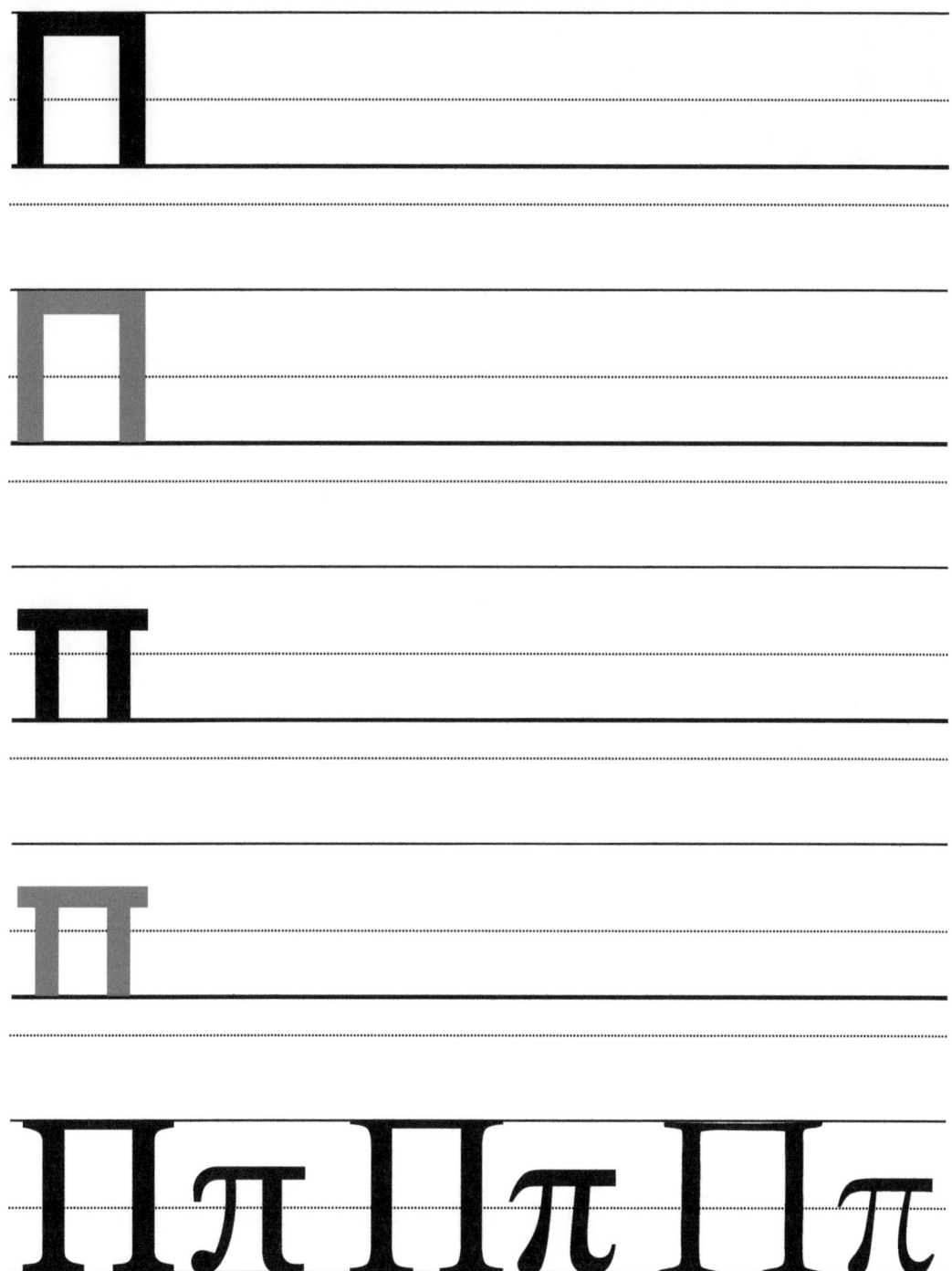

Notiere, um welche Wahrzeichen es sich
handelt und wo sie sich befinden.

Rho spricht sich wie R in Roboter.

P

P

P

p

p

P p   P p   P ℓ

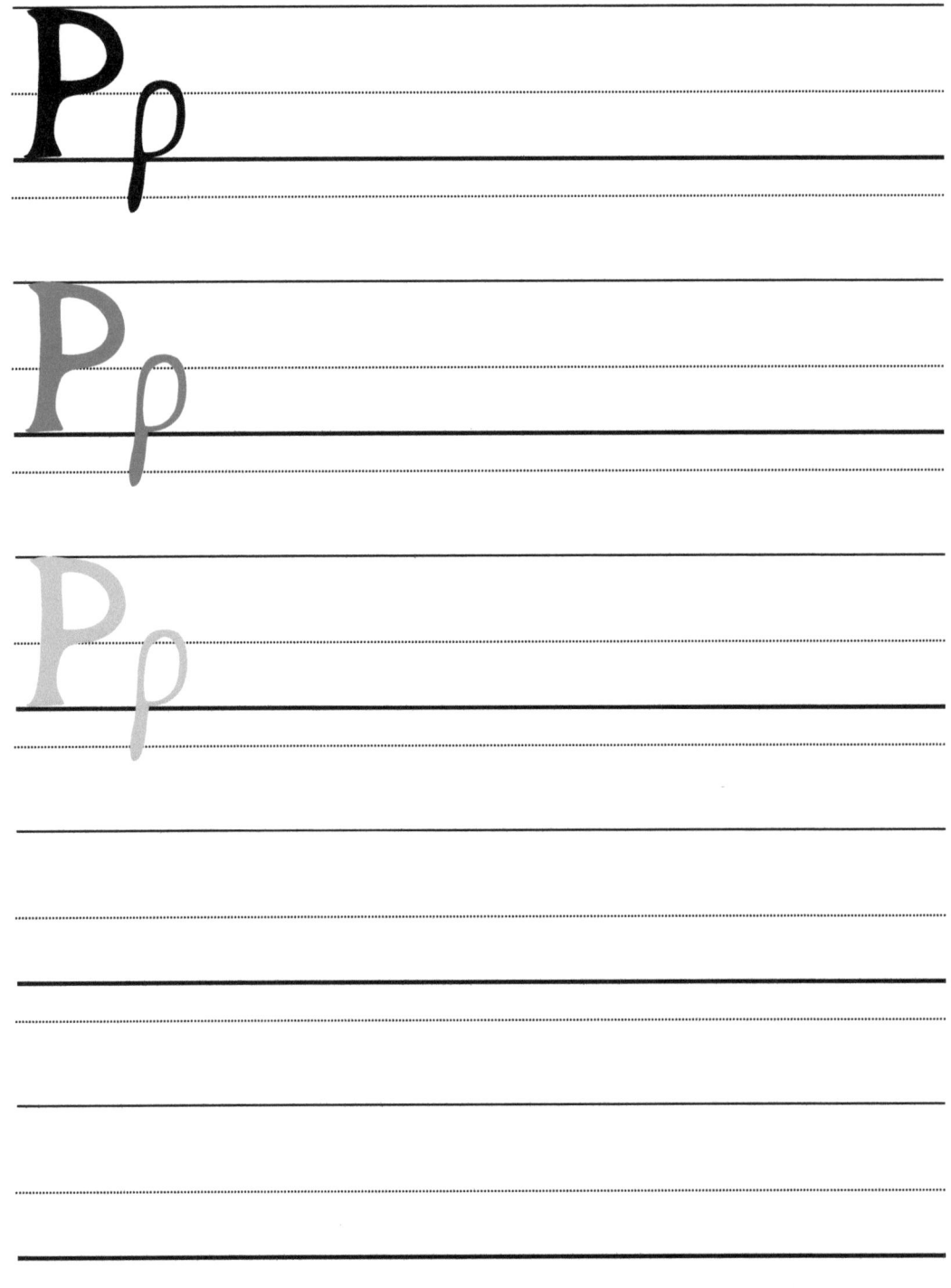

Notiere, welche Aufgaben die Roboter in der griechischen Werkstatt übernehmen könnten.

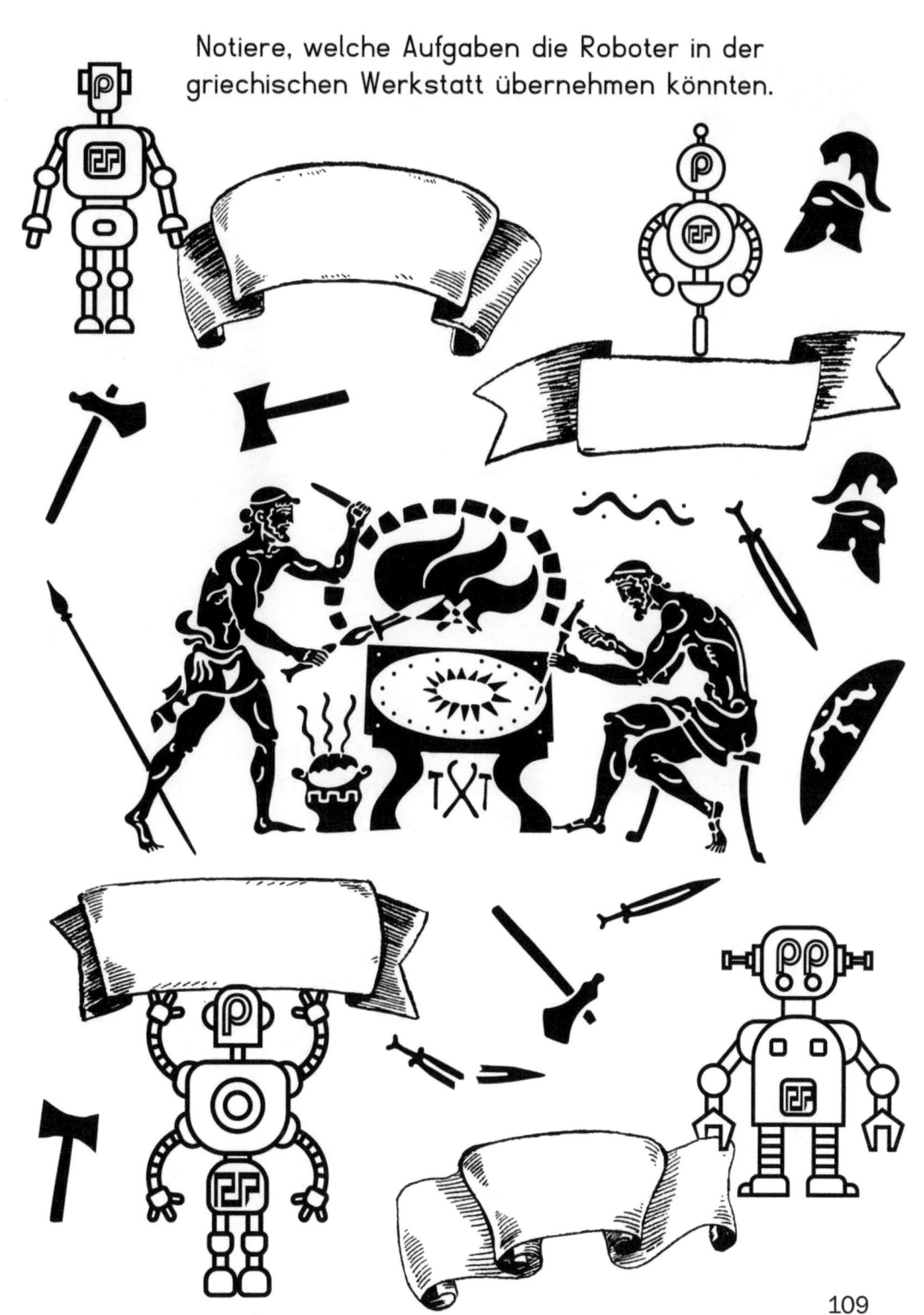

Sigma spricht sich wie
S in Salamander.

Σalamander sind nicht σyσtemloς:
Am Anfang und in der Mitte rollen σie σich zuσammen,
am Σchluσς laufen σie davon.

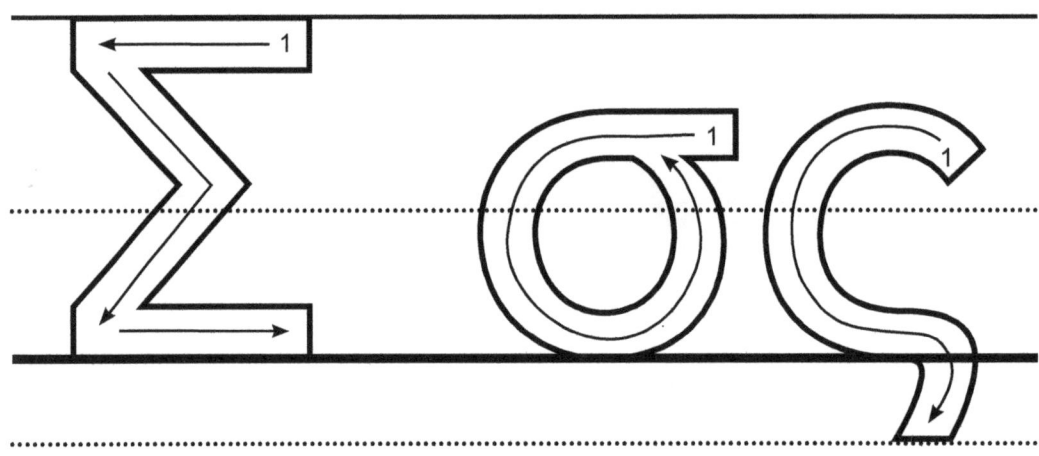

Σ

Σ

σς

σς

ΣοςΣοςΣος

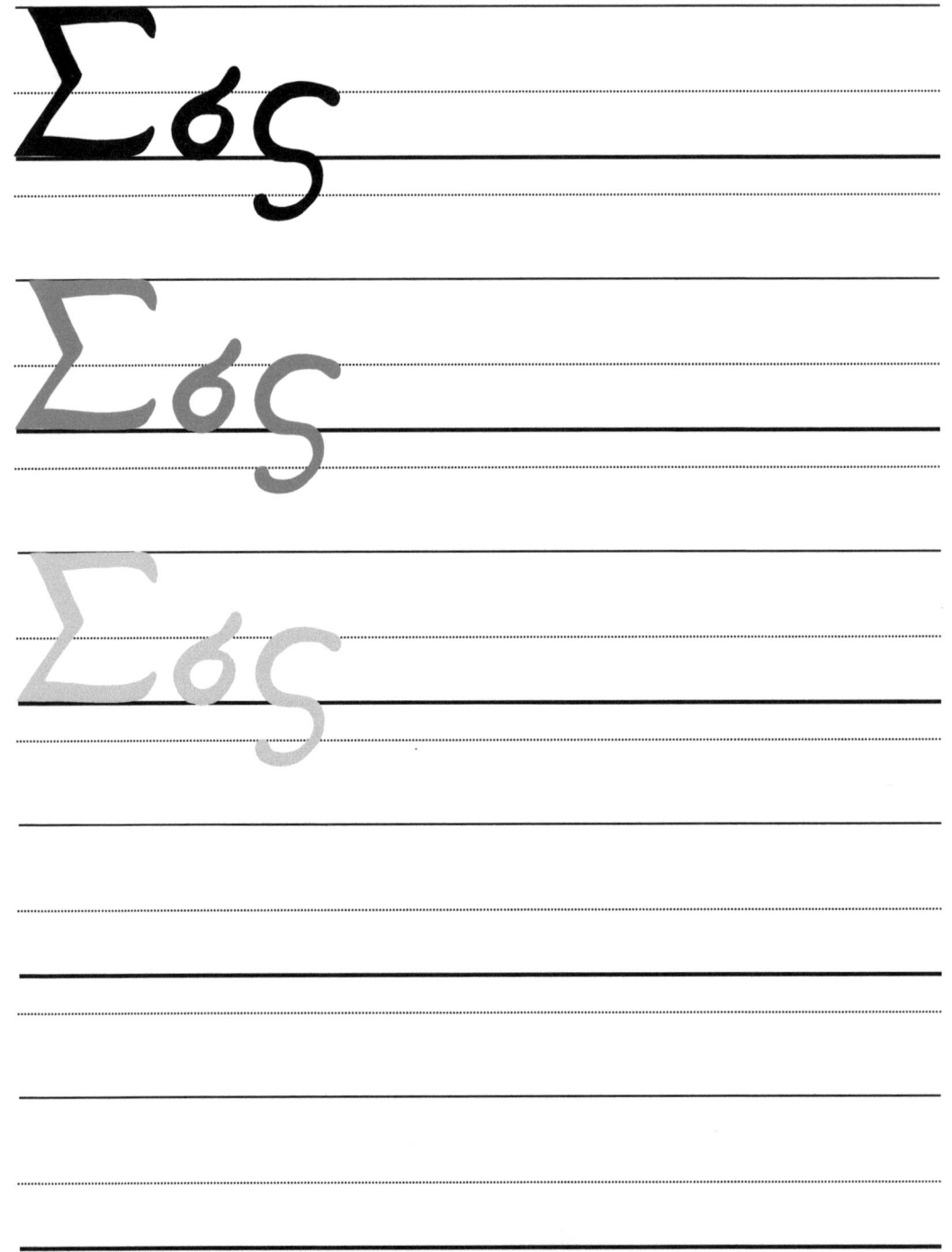

Merke dir: Das geschlossene Sigma steht immer am Anfang oder in der Mitte eines Wortes, das offene nur am Schluss. Wie bei Σρειϭεειϛ: Am Anfang sind es noch Kugeln, wenn es am Ende schmilzt, rinnt es davon.

LECKER
ΣΡΕΙϭΕΞΙϛ

Mache die Eissorten schön bunt!

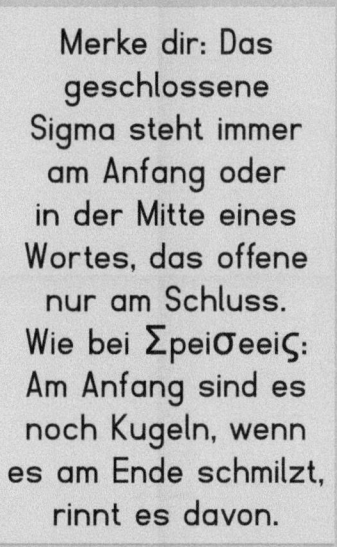

Tau spricht sich wie T in Tür.

Τ

Τ

τ

τ

Ττ Ττ Ττ

T t

T t

T t

Hier fehlen drei
Türen. Zeichne sie
ein und coloriere das
Haus in den typisch
griechischen Farben
blau und weiß.

Ypsilon spricht sich wie Ü in Mülltonne.

Ab in den Müll!

... sagt Thales und wirft seine Schriften einfach weg.

Y

Y

U

U

Yʋ Yʋ Yʋ

Yv

Yv

Yv

Zeit für den Frühjahrsputz! Überleg dir, was diese griechischen Philosophen in die Mülltonnen werfen.

Pythagoras

Anaximenes

Demokrit

Heraklit

Phi spricht sich wie Ph in Phobie.

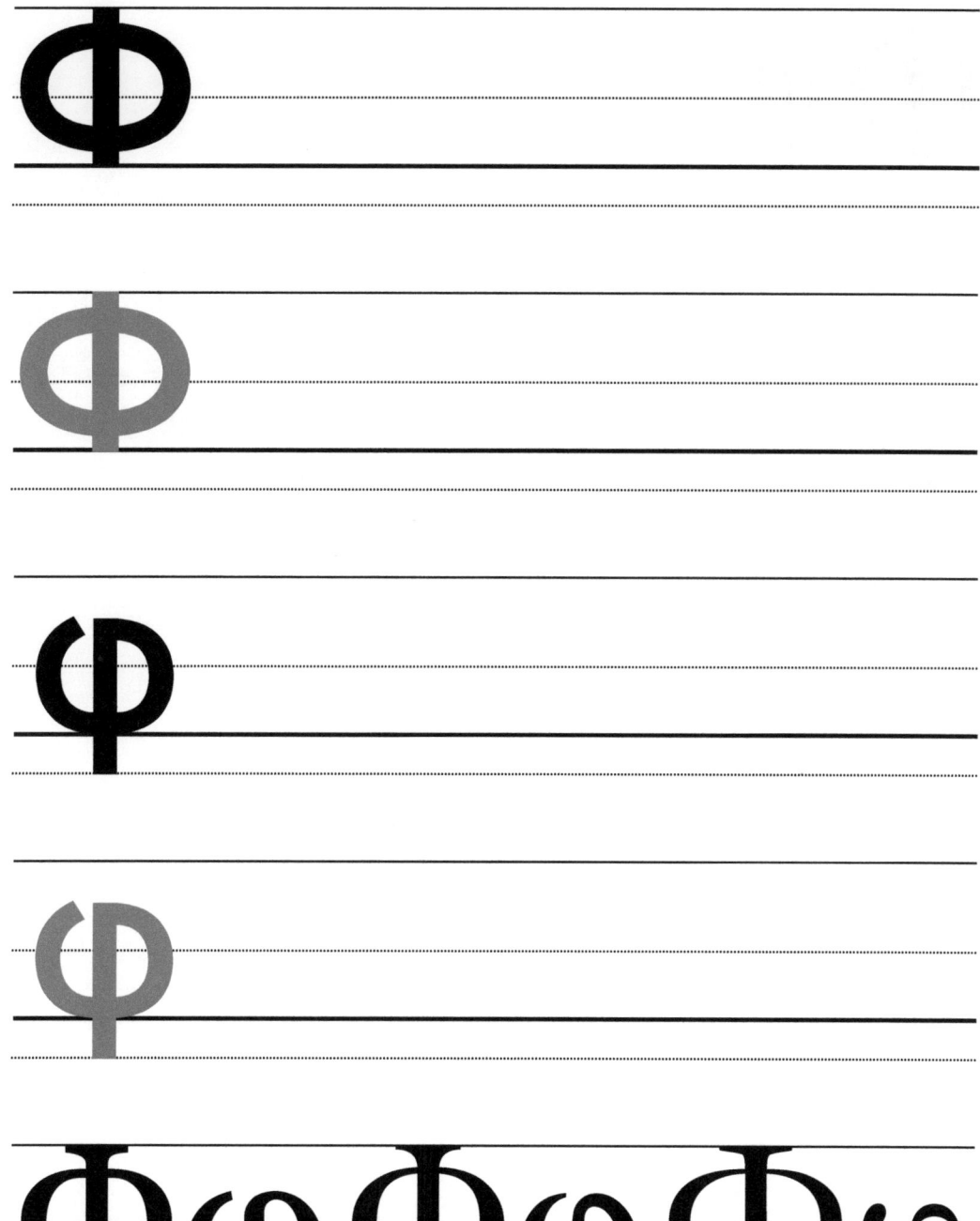

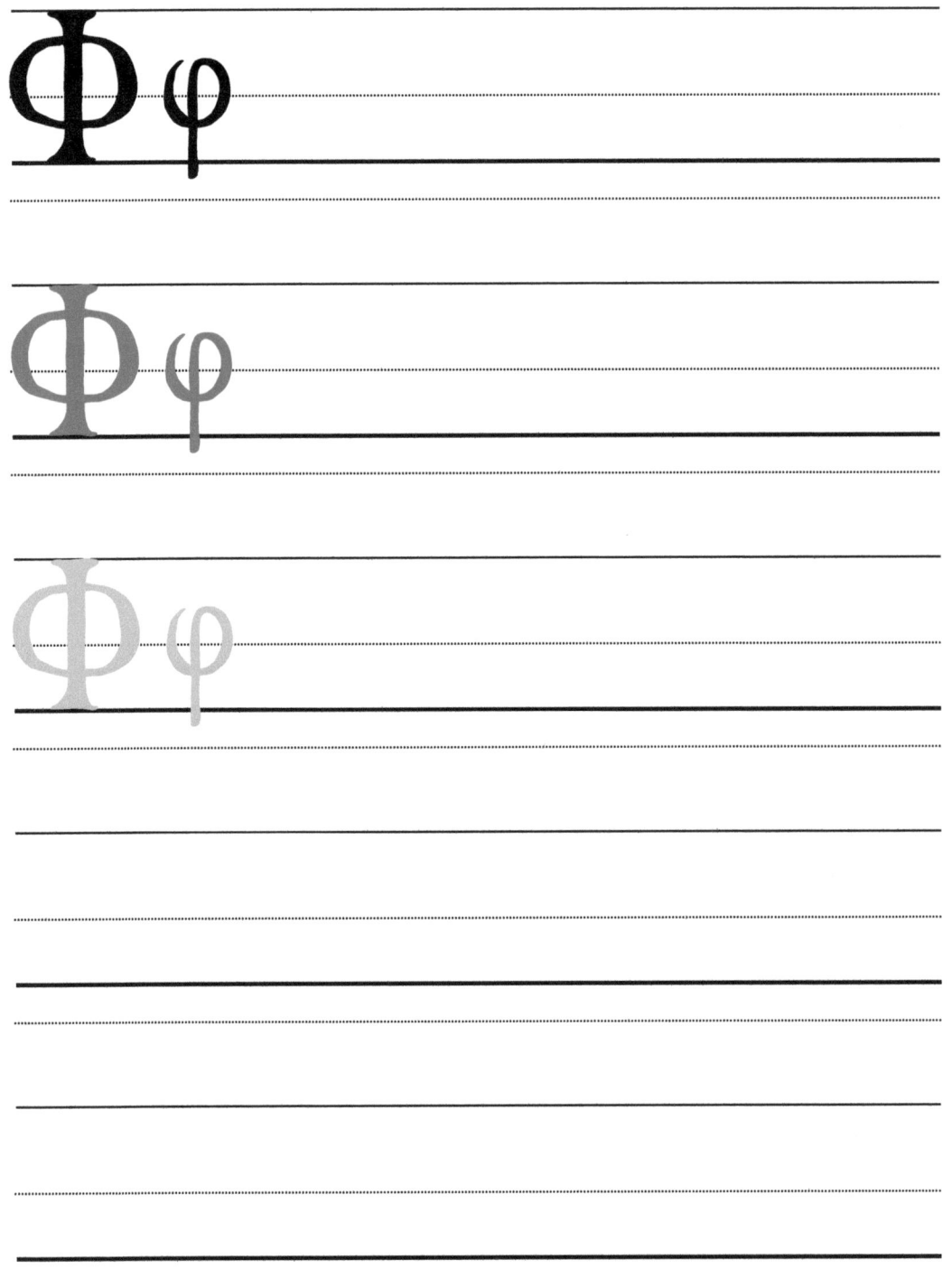

Chi spricht sich wie
Ch in Achilles.

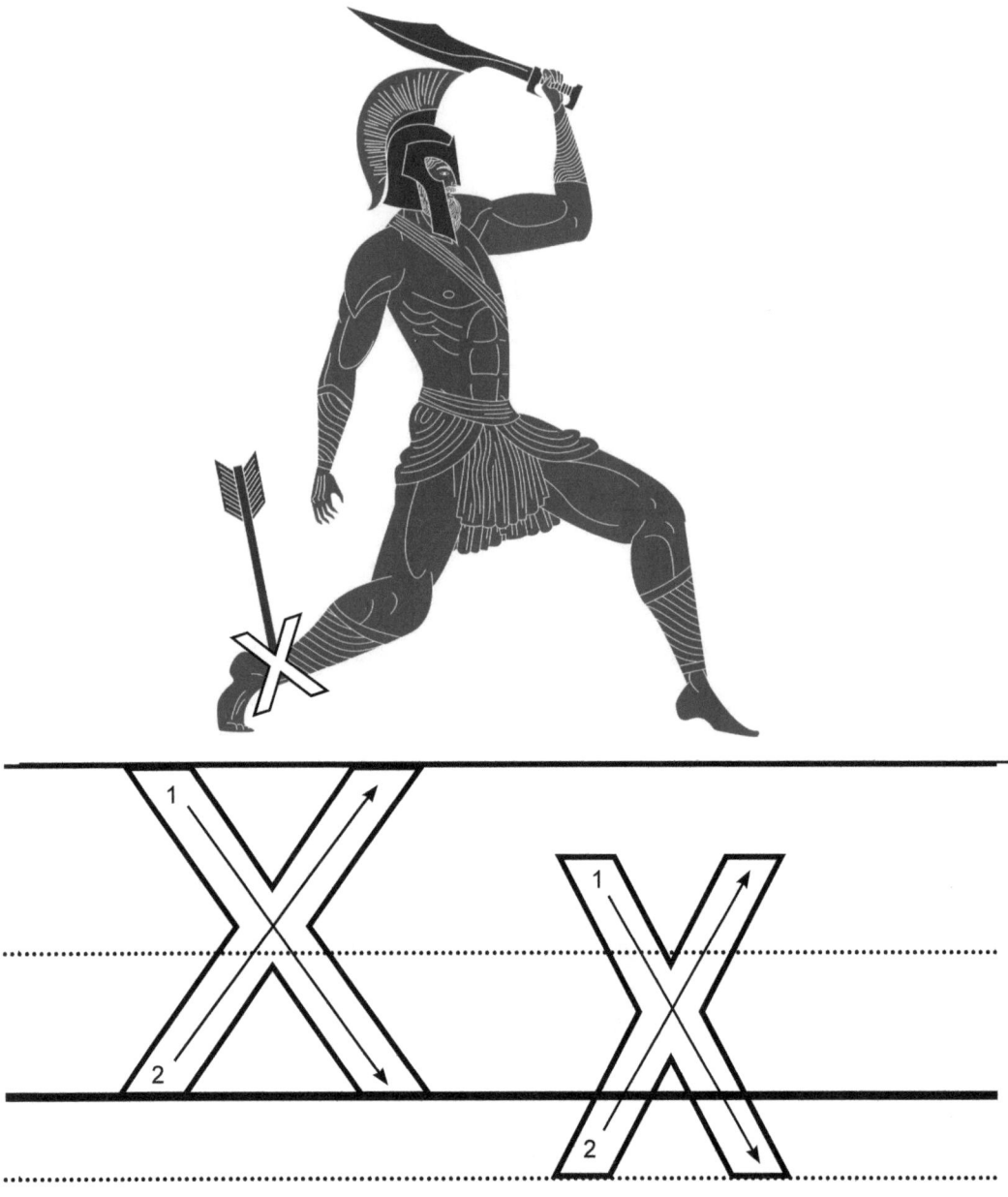

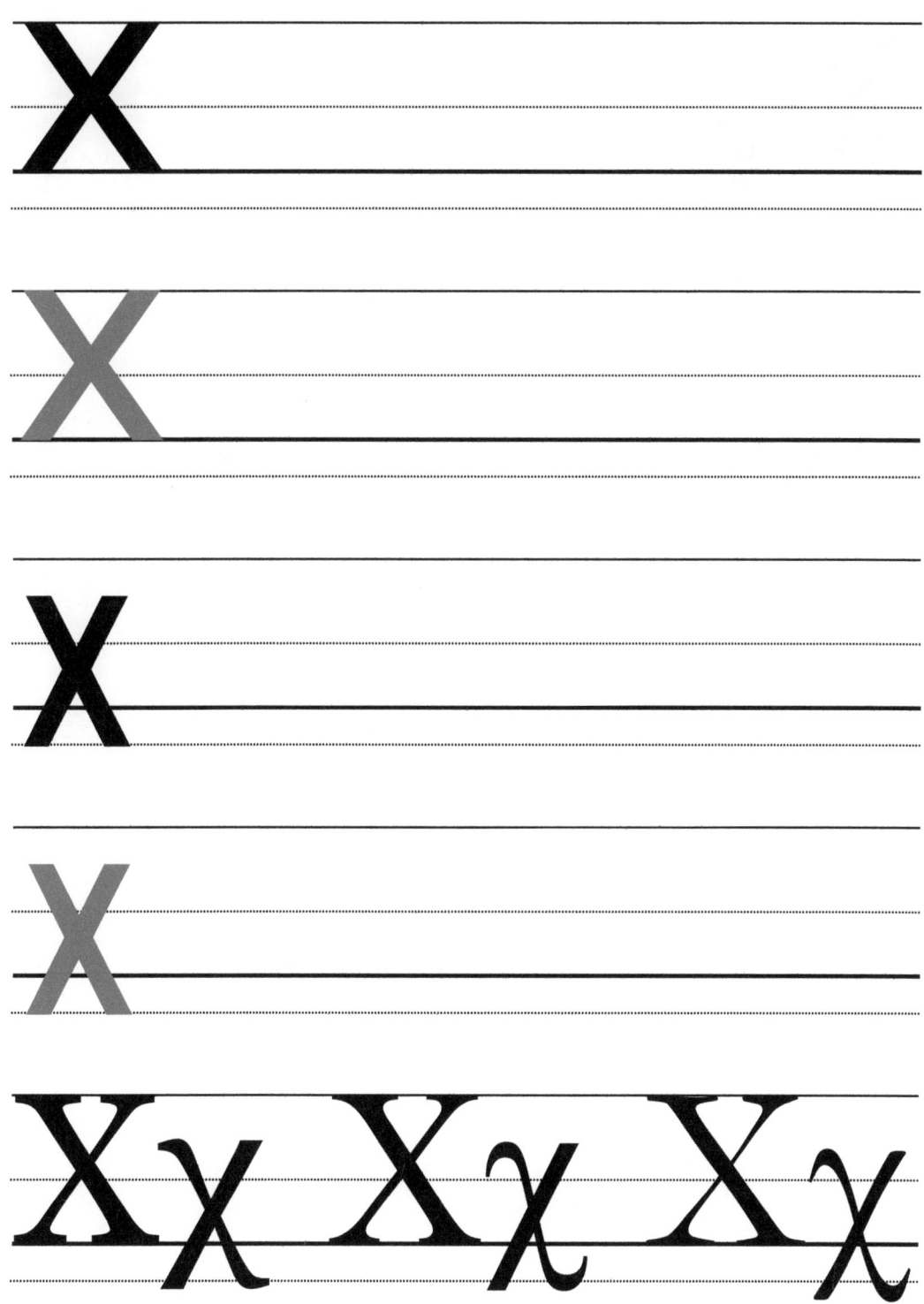

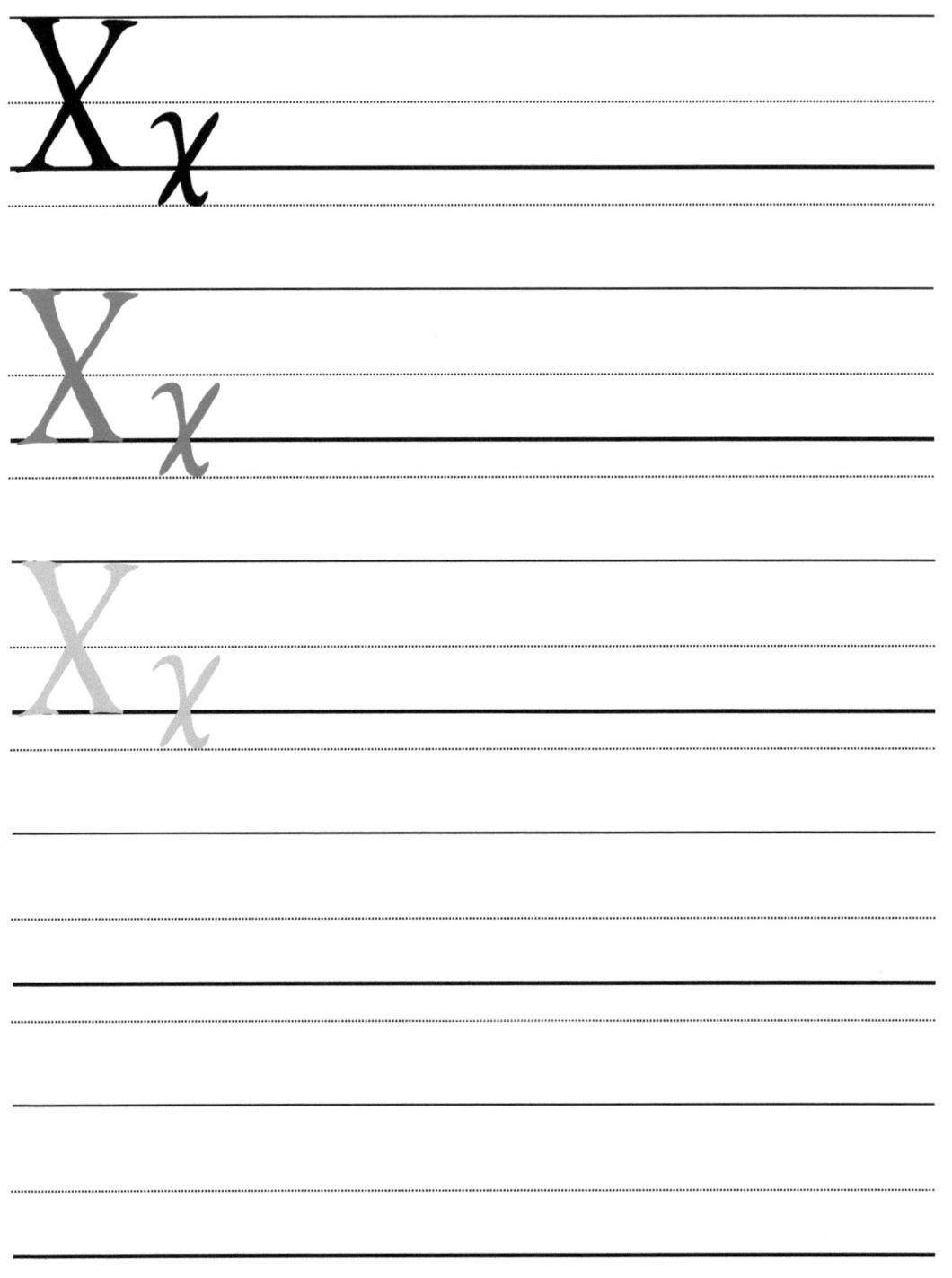

Um Achilles unverwundbar zu machen, tauchte ihn seine Mutter in den Fluss der Unterwelt, den Styx. Dabei hielt sie den Kleinen an der Ferse fest. Zu dumm, denn dort kam kein Wasser hin und die Ferse war fortan seine einzige Schwachstelle! Daher stammt auch der Ausdruck „Achillesferse", was so viel bedeutet wie „wunder Punkt".

Hier siehst du die sogenannte Achillessehne. Yoga hält sie geschmeidig und du bist nicht so verwundbar wie Achilles. Mach am besten gleich eine Lernpause und probiere ein paar Yoga-Positionen aus!

Psi spricht sich wie
Ps in Schna**ps**.

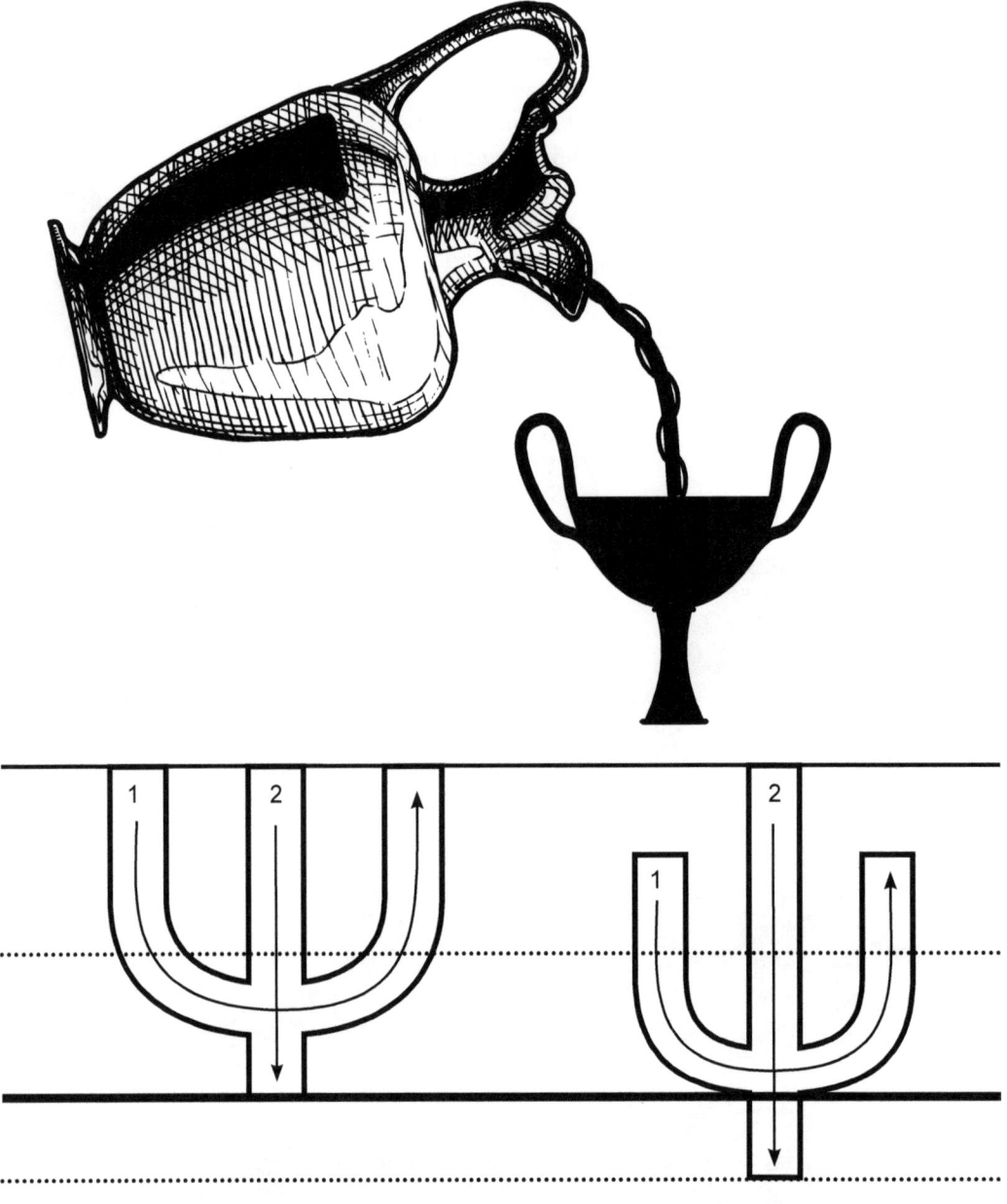

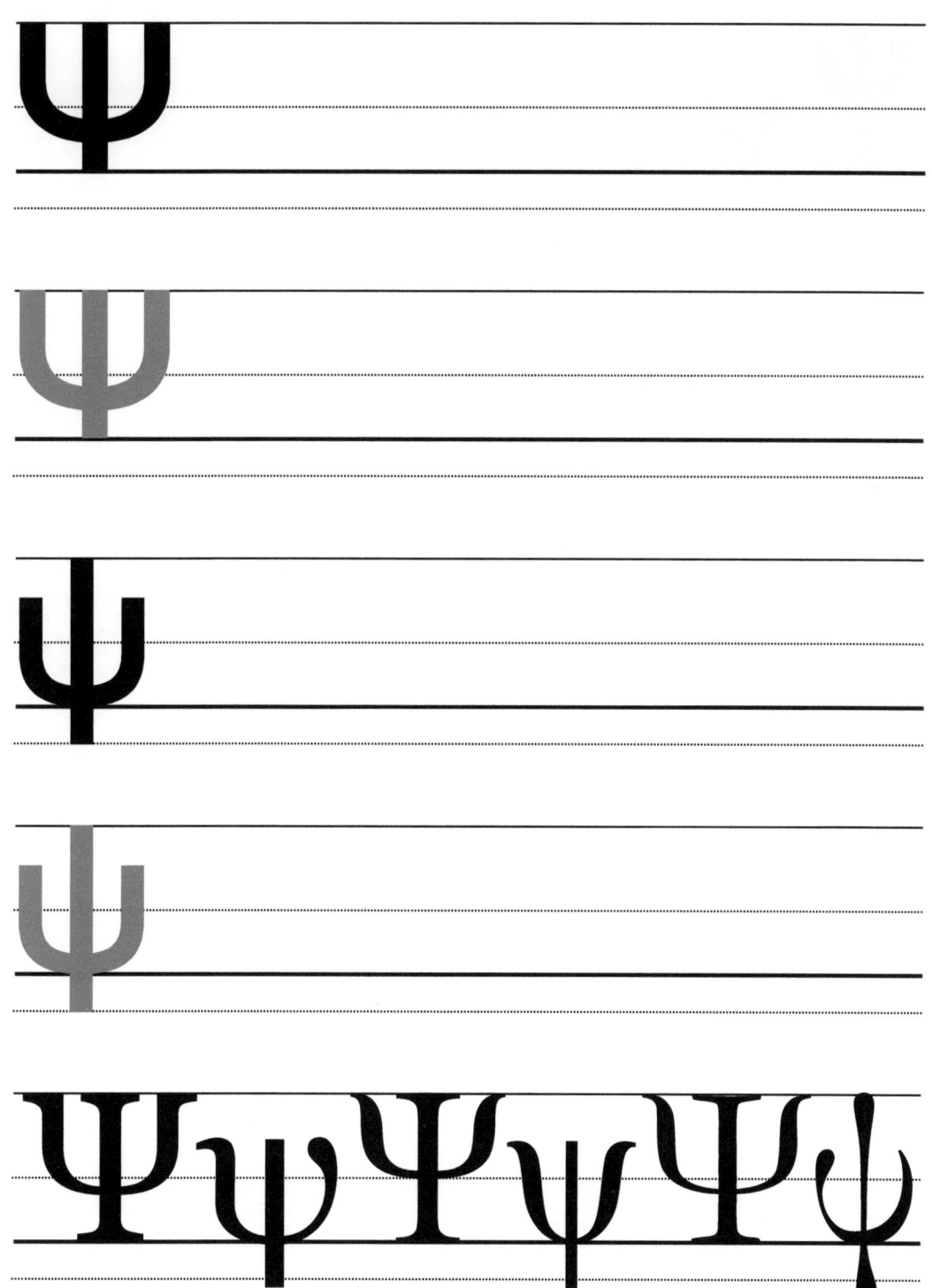

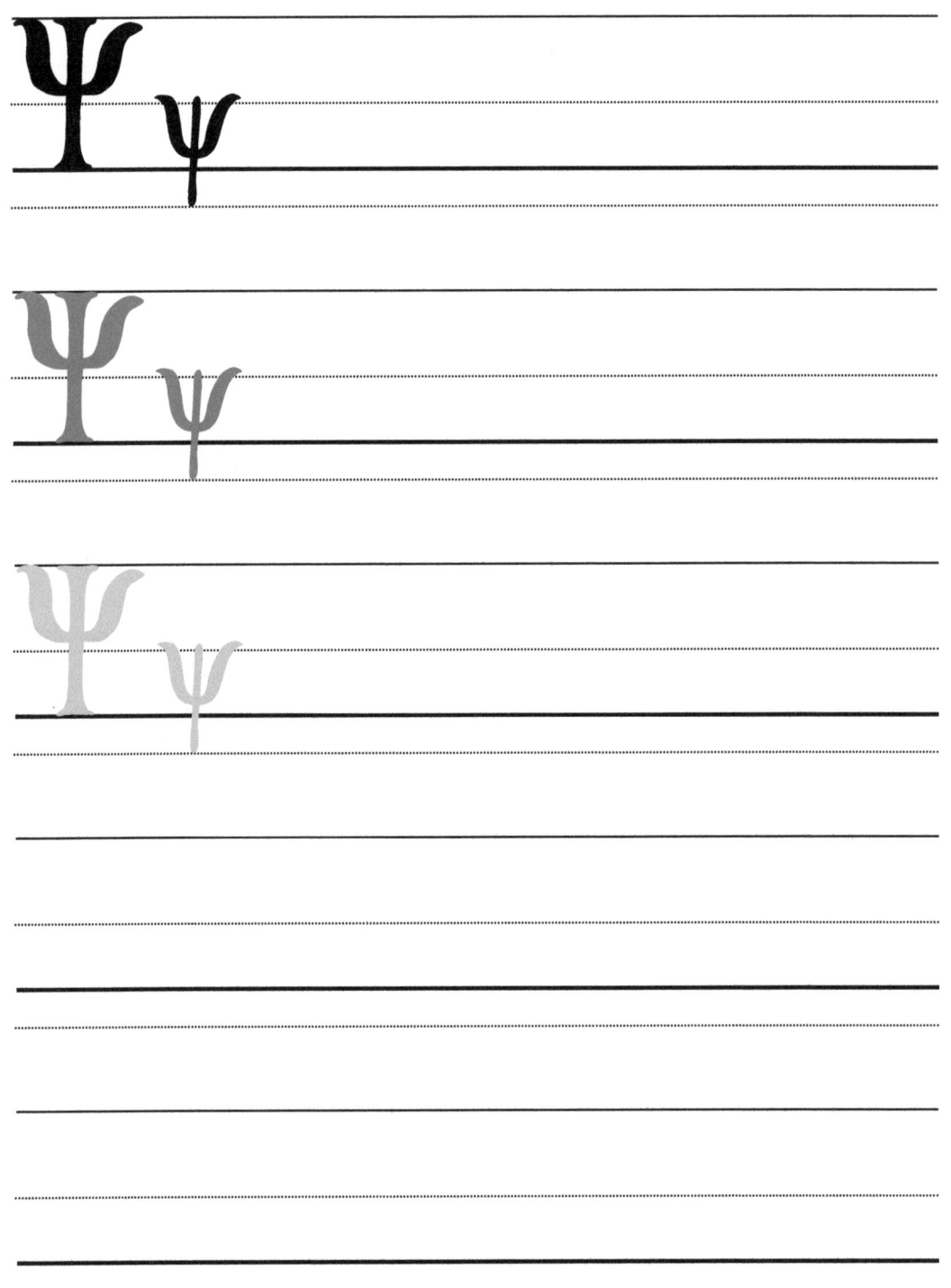

Dionysos ist durstig. Führe ihn zum Schnaps!

Omega spricht sich wie O in Mond.

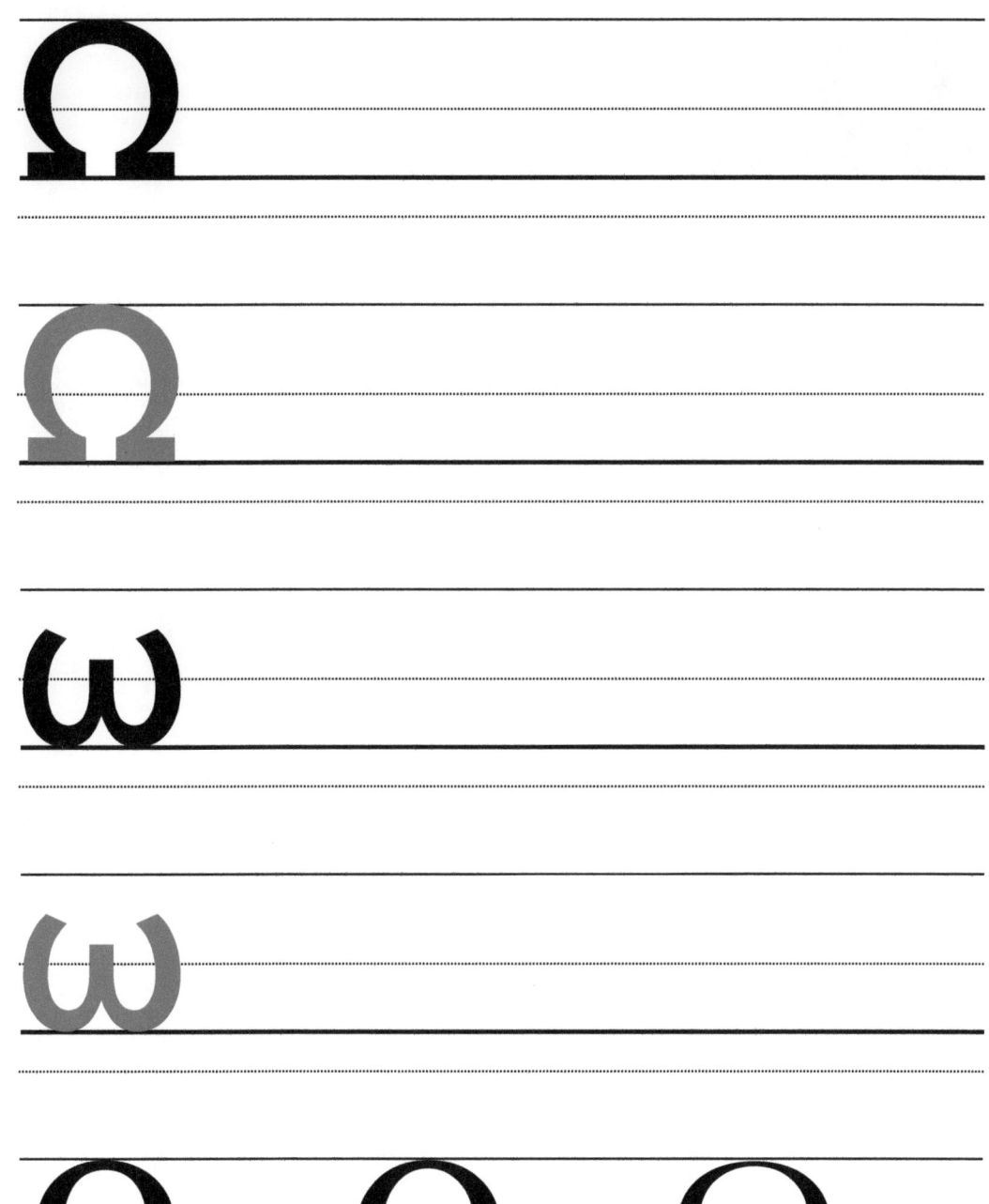

148

Wir sind am Ende: Schieße nun einen Philosophen mit der Omega-Mission zum Mond und zeichne ihn!

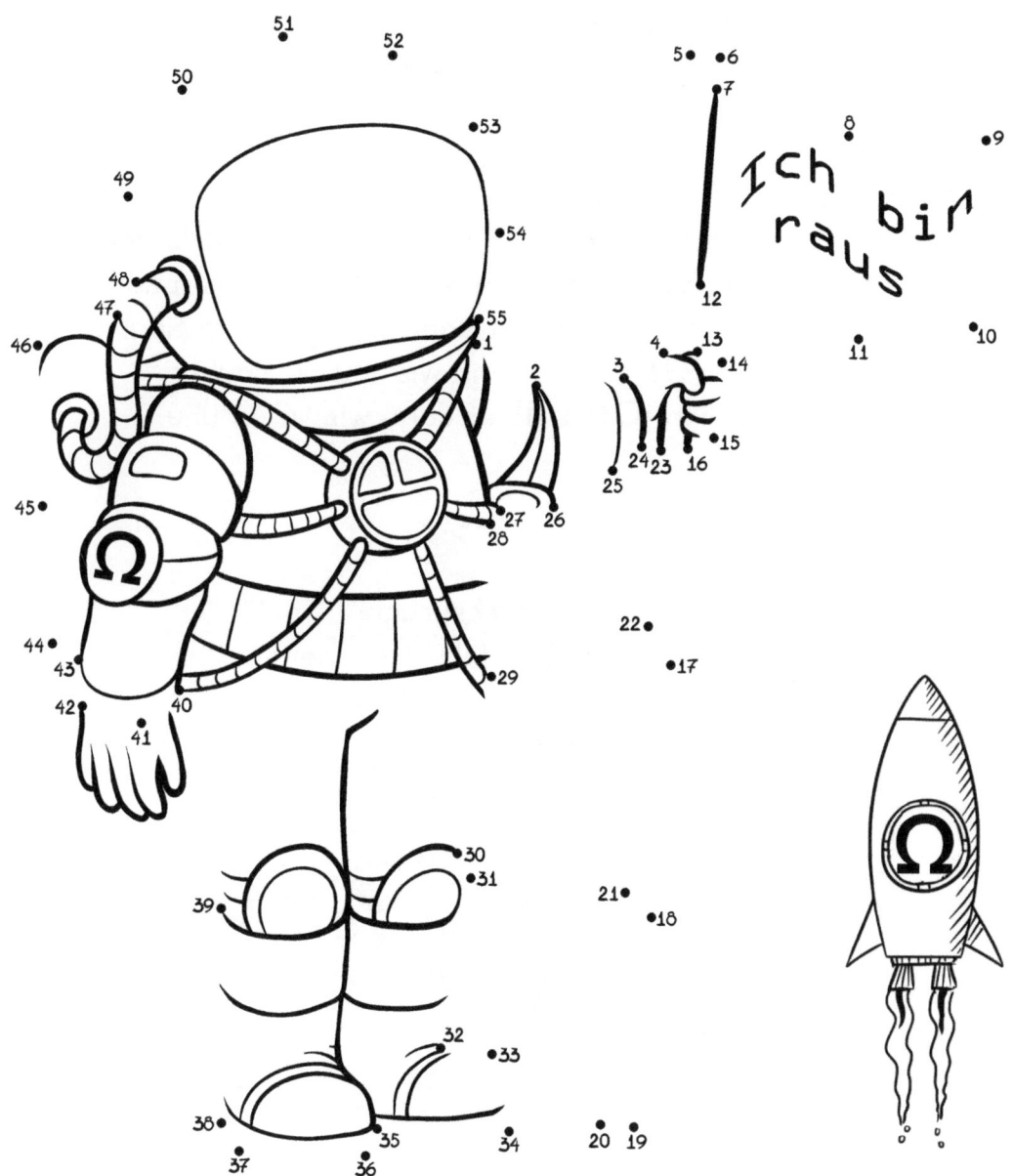

Ich bin raus

ZWIELAUTE (DIPHTONGE)

Natürlich hatten die alten Griechen auch **Zwielaute**, sogenannte **Diphtonge**. Diese entstehen durch zwei direkt hintereinander geschriebene bzw. gesprochene Vokale.

Die Aussprache für …

- Alpha und Iota (**Aι αι**) ist dann wie „ei" in Osterei.
- Alpha und Ypsilon (**Aυ αυ**) ist dann wie „au" in verlaufen.
- Epsilon und Iota (**Eι ει**) ist dann wie im Englischen „Lady".
- Epsilon und Ypsilon (**Eυ ευ**) ist dann wie in „eu" in Heu.
- Omikron und Iota (**Oι οι**) ist dann wie „äu" in Räuber.
- Omikron und Ypsilon (**Oυ ου**) ist dann wie „u" in Uhu.

Merkspruch:
Beim **Uhu** fällt das zweite
Auge zu. Müder

DER SPIRITUS

Ist dir etwas aufgefallen? Die Griechen haben ja gar kein H!

Das Eta (**H**) schaut zwar aus wie eines, spricht sich aber wie E in Efeu, wie du bereits auf Seite 44 gelernt hast.

Für das griechische H gibt es deshalb ein anderes Zeichen: Den sogenannten „Spiritus asper". Das ist ein winziges Ding, das so aussieht wie ein kleines c, und über dem Vokal steht, wenn das Wort mit einem Vokal beginnt.

Und nun der Reihe nach, wie der **Spiritus asper** ausgesprochen wird:

Ein Vokal am Anfang, **Spiritus asper** drüber – oder bei Großbuchstaben links daneben – und die Aussprache von ...

- Alpha (**Ἁ ἁ**) ist dann wie „Ha" in Hase.
- Epsilon (**Ἑ ἑ**) ist dann wie „he" in hell.
- Eta (**Ἡ ἡ**) ist dann wie „He" in Hebebühne.
- Iota (**Ἱ ἱ**) ist dann wie „Hi" in Himmel.
- Omikron (**Ὁ ὁ**) ist dann wie „Ho" in Hotel.
- Ypsilon (**Ὑ ὑ**) ist dann wie „Hü" in Hülle.
- Omega (**Ὡ ὡ**) ist dann wie „Ho" in Hologramm.
- Rho (**Ῥ ῥ**) ist dann wie „Rh" in Rhythmus.

Merkspruch:
Beim **Spiritus asper** wird der **Ha**se
über der As**c**he gegrillt. Armer

Pass gut auf: Bei einem **Zwielaut** (Diphtong) am Anfang des Wortes steht der **Spiritus asper** erst über dem **zweiten** Vokal!

Und nun alle Möglichkeiten, wie der **Spiritus asper** bei Zwielauten ausgesprochen wird. Die Aussprache von ...

- Alpha und Iota (**Αἰ αἰ**) ist dann wie „Hai" in Haifisch.
- Alpha und Ypsilon (**Αὐ αὐ**) ist dann wie „Hau" in Hausaufgabe.
- Epsilon und Iota (**Εἰ εἰ**) ist dann wie „Hey du!".
- Epsilon und Ypsilon (**Εὐ εὐ**) ist dann wie „Heu" in Heu.
- Omikron und Iota (**Οἰ οἰ**) ist dann wie „Hoi" in Ahoi.
- Omikron und Ypsilon (**Οὐ οὐ**) ist dann wie „Hu" in Hubraum.

Merkspruch:
Die **Spiritus asper** Angel
fängt bei einem Diphtong erst
den **zweiten** Vokalfisch.

Und weil den alten Griechen ein Spiritus nicht gereicht hat, haben sie gleich noch einen erfunden: nämlich den „Spiritus lenis".

Der **Spiritus lenis** ist sozusagen das Gegenstück vom Spiritus asper. Er schaut aus wie ein **gespiegeltes kleines c**. Die Position ist genau so wie beim Spiritus asper, also immer am **Anfang** des Wortes. Du musst dir daher nur das Folgende merken:

Einen **Spiritus lenis** brauchst du bei der Aussprache nicht zu berücksichtigen. Er verändert den Vokal oder den Zwielaut nicht.

Das hört sich dann an wie ...

- Alpha (Ἀ ἀ) in Astronomie.
- Epsilon (Ἐ ἐ) in Ente.
- Eta (Ἠ ἠ) in Efeu.
- Iota (Ἰ ἰ) in Igel.
- Omikron (Ὀ ὀ) in Otter.
- Ypsilon (ὐ nur als zweiter Buchstabe im Zwielaut!)
- Omega (Ὠ ὠ) in Oberarzt.

Ἔντε

Bei den Zwielauten verhält es sich ähnlich. Die Aussprache von ...

- Alpha und Iota (Αἰ αἰ) ist dann wie „Ei" in Eierbecher.
- Alpha und Ypsilon (Αὐ αὐ) ist dann wie „Au" in Auge.
- Epsilon und Iota (Εἰ εἰ) ist dann wie „Ey du!".
- Epsilon und Ypsilon (Εὐ εὐ) ist dann wie „Eu" in Euro.
- Omikron und Iota (Οἰ οἰ) ist dann wie „Oj" in „Oje!".
- Omikron und Ypsilon (Οὐ οὐ) ist dann wie „U" in U-Bahn.

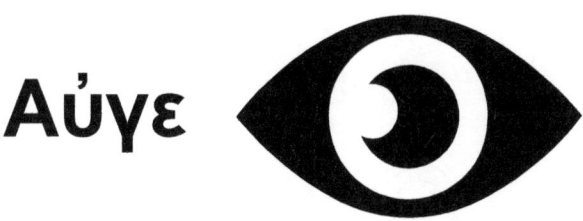
Αὐγε

DAS IOTA SUBSCRIPTUM

Wie du schon gemerkt hast, lieben die alten Griechen kleine Verzierungen ihrer Buchstaben. Dazu gehört auch das sogenannte „Iota subscriptum", ein winziges Iota, das unterhalb der Vokale

Alpha ᾳ
Eta ῃ
Omega ῳ

stehen kann.

Schau dir das Iota subscriptum einmal mit der Lupe an. Dann kannst du auch schon wieder darauf vergessen, denn es wird normalerweise nicht anders ausgesprochen als der bloße Vokal.

DIE AKZENTE

Bekannterweise waren die alten Griechen ein sehr kunstverliebtes Volk. Kein Wunder also, dass sie sich gleich drei verschiedene Akzente besorgt haben, um ihre Schriften, Lieder und Gesänge auch formvollendet vortragen zu können! Schließlich sollte es nicht dem Zufall überlassen bleiben, wie die heroischen Texte zu lesen sind.

Freue dich daher darauf, mit den folgenden altgriechischen Akzenten Bekanntschaft machen zu dürfen:

Akut   ´
Gravis   `
Zirkumflex ~

Merke dir, dass die beiden Krümeln ähnlichen Akzente die Betonung des Wortes anzeigen.

Der geschwungene Akzent verrät dir, wo es lange Vokale oder Zwielaute (Diphtonge) gibt.

Merkspruch:
Der lange Λῆγουαν
frisst krümelige Akzente.

VORSICHT, FALLE!

Nun bist du schon auf dem besten Weg zum echten Philosophen. Pass jedoch auf, dass du nicht in typische Fallen tappst. Denn allzu leicht werden einige Dinge miteinander verwechselt oder vertauscht und führen zu Buchstabensalat.

Manche griechischen Buchstaben schauen nämlich fast genau so aus wie deutsche Buchstaben, bedeuten jedoch etwas völlig anderes.

 Wenn du ein griechisches „**Ny**" (**ν**) liest, achte darauf, dass du es nicht mit einem deutschen „**v**" verwechselst. Das Ny spricht sich nämlich wie „N" in „Nemo".

 Solltest du gerne in Schreibschrift schreiben, wirst du in einer Schrift mit Serifen (also mit den geschwungenen Füßchen dran) vielleicht einmal das kleine griechische „**Pi**" (**π**) mit einem kleinen deutschen Schreibschrift-**r** verwechseln.

 Eine Spitzenfalle ist auch das griechische „**Rho**" (**Pρ**). Es sieht aus wie ein deutsches P, spricht sich jedoch wie „**R**" in „Roboter" – du erinnerst dich.

 Pass außerdem hier auf: Das kleine griechische **Ypsilon** (**υ**) sieht aus wie ein deutsches „U", spricht sich jedoch wie „**ü**" in „Mülltonne".

 Denke auch an das griechische „**Chi**" (**Χχ**) in unserem Übungswort „Achilles". Es schreibt sich wie ein deutsches „X", spricht sich aber ganz anders, nämlich „**ch**".

 Nicht zu vergessen das kleine griechische „**Omega**" (**ω**), das aussieht wie ein deutsches „w", sich jedoch wie „**o**" in „Mond" ausspricht.

Auch die griechischen Buchstaben lassen sich teilweise untereinander verwechseln. Besonders beliebt sind die folgenden Fehler:

 Das große griechische „**Delta**" (**Δ**) ist ein geschlossenes Dreieck, während das große griechische „**Lambda**" (**Λ**) unten offen ist.

 Achte beim griechischen „**Phi**" (**Φφ**) und „**Theta**" (**Θθ**) genau auf die Position des Striches in der Mitte: Beim großen **Φ** hast du den Strich ähnlich einem großen „**I**" wie in „Phi". Beim „**Theta**" **Θθ** ist der Strich quer wie bei einem großen bzw. kleinen „**Tt**" für „**Theta**". Hier hilft dir also eine deutsche Eselsbrücke beim Merken.

ÜBUNGSWÖRTER

Übe nun dein Wissen mit den folgenden deutschen Wörtern, die in griechischen Buchstaben – vereinfacht ohne Akzente – geschrieben sind. Achte gut auf den Spiritus asper und den Spiritus lenis!

Schreibe deine Lösung neben das jeweilige Wort:

Ἁμαισε _____

Ἀνδ _____

Βαυαρβαιτερ _____

γεναυ _____

Δαμε _____

Ἐνγελ _____

Ἐχτ _____

Ζαυν _____

Ἡβερ _____

ἡβεν _____

Θυρινγεν _____

Ἰνσελ _____

Ἰνδερνις _____

Κλαιδουνγ _____

Λαυββαυμ _____

Μελωνε _____

Ναυτιλους _____

Ξηνον _____

Όττο _____

όππλα _____

Πινγουιν _____

Ρακητε _____

Ῥωδωδενδρον _____

Σοννε _____

Ταυχερανζουγ _____

ύβεραλλ _____

Ύγελ _____

φηνομεναλ _____

Βουχ _____

Ψοιδονυμ _____

ώβεν _____

ώχ _____

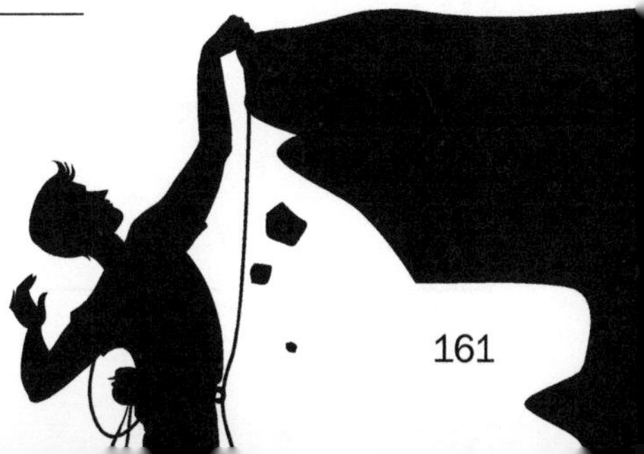

SCHUMMELLISTE

1	Αα **Alpha**	**A** in **A**stronomie	
2	Ββ **Beta**	**B** in **B**esen	
3	Γγ **Gamma**	**G** in **G**azelle	
4	Δδ **Delta**	**D** in **D**reieck	
5	Εε **Epsilon**	**E** in **E**nte	
6	Ζζ **Zeta**	**Z** in **Z**ebra	
7	Ηη **Eta**	**E** in **E**feu	
8	Θθ **Theta**	**Th** in **Th**eater	
9	Ιι **Iota**	**I** in **I**gel	
10	Κκ **Kappa**	**K** in **K**appe	
11	Λλ **Lambda**	**L** in **L**ampe	
12	Μμ **My**	**M** in **M**armelade	

 Aus: „Von Alpha bis Omega" • edition riedenburg Salzburg • ISBN 978-3-99082-052-0

13	Νν **Ny**	**N** in **N**emo	
14	Ξξ **Xi**	**X** in **X**ylophon	
15	Οο **Omikron**	**O** in L**o**tto	
16	Ππ **Pi**	**P** in **P**isa	
17	Ρρ **Rho**	**R** in **R**oboter	
18	Σσς **Sigma**	**S** in **S**alamander	
19	Ττ **Tau**	**T** in **T**ür	
20	Υυ **Ypsilon**	**Ü** in M**ü**lltonne	
21	Φφ **Phi**	**Ph** in **Ph**obie	
22	Χχ **Chi**	**Ch** in A**ch**illes	
23	Ψψ **Psi**	**Ps** in Schna**ps**	
24	Ωω **Omega**	**O** in M**o**nd	

Aus: „Von Alpha bis Omega" • edition riedenburg Salzburg • ISBN 978-3-99082-052-0

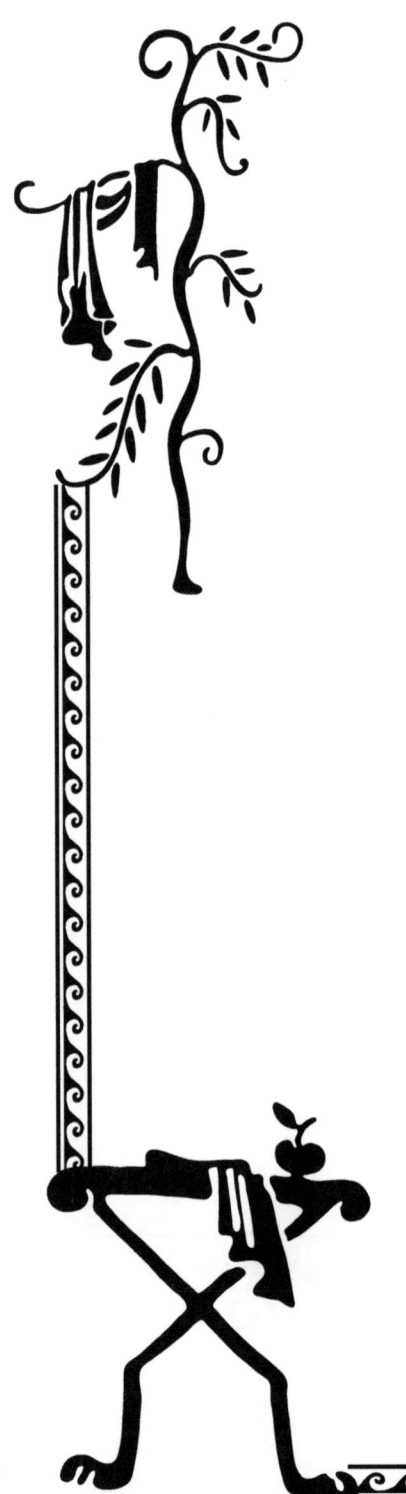

NOTIZEN

IMPRESSVM

Bibliografische Information der Deutschen Nationalbibliothek
Die Deutsche Nationalbibliothek verzeichnet diese Publikation in der
Deutschen Nationalbibliografie; detaillierte bibliografische Daten sind im Internet über
http://dnb.d-nb.de abrufbar.

1. Auflage	April 2020
© 2020	edition riedenburg
Verlagsanschrift	Anton-Hochmuth-Straße 8, 5020 Salzburg, Österreich
Internet	www.editionriedenburg.at
E-Mail	verlag@editionriedenburg.at
Lektorat	Dr. Heike Wolter, Regensburg

Wir danken Mag. Dr. Walter Steinbichler, Professor für Altgriechisch am Akademischen Gymnasium Salzburg, für die kritische Durchsicht.

Satz und Layout	edition riedenburg
Herstellung	Books on Demand GmbH

ISBN 978-3-99082-052-0

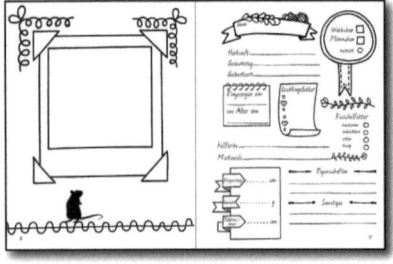

Farbratten sind kuschelige, gesellige und höchst intelligente Tiere. Sie erfreuen sich zunehmender Beliebtheit, wobei nicht darauf vergessen werden darf, dass die Haltung von Käfigbewohnern regelmäßige Pflege der Behausung erfordert. Da heißt es nicht nur, Fressen zuzubereiten, sondern schon wieder die Toiletten zu leeren - womöglich täglich, wenn mehrere Rudeltiere gehalten werden, was bei Farbratten der Fall sein sollte.

Im Bullet-Journal „**Rattenliebe**" hat Rattenliebhaberin Carla Oblasser ein interaktives Buch geschaffen, das nicht nur Tipps zur Rattenpflege gibt, sondern auch zur regelmäßigen Käfigwartung ermuntert. Kernstück des Buches ist eine übersichtliche Checkliste zur kompletten Käfigreinigung, mittels derer alle wichtigen Schritte der Reihe nach abgehakt werden.

„**Rattenliebe - Dein praktischer Alltags-Planer für glückliche Fellnasen**" hat 132 Seiten. Jede Ratte findet ihr eigenes Portfolio, dort werden Essgewohnheiten genauso vermerkt wie die Tatsache, wie zahm die Ratte ist. Natürlich gibt es auch Platz für ein „Passfoto". Weitere Schwerpunkte des Pflege-Heftes sind Anschaffung, Zähmung, Gesundheits-Check, Beschäftigung und Auslauf.

Etliche Seiten stehen dem Ratten-Fotoalbum zur Verfügung, in das die schönsten Erlebnisse mit den Fellnasen eingeklebt werden können. Auch die Trauer findet im Buch „Rattenliebe" statt, denn wer Ratten hält, weiß, dass sie selten älter als zwei oder drei Jahre werden. Für jedes verstorbene Tier gibt es daher ein Trauerbett, das selbst bunt gestaltet werden kann. Sensible Hinweise zur Möglichkeit der Abschiednahme, Bestattung und Erinnerung lassen verstorbene Rudelmitglieder lebendig werden.

ISBN 978-3-99082-021-6